Sorgenmampfer
HÄKELN

garant

Vorwort

Häkeln ist in und macht Spaß – kein Wunder, denn mit dieser einfachen Handarbeitstechnik lassen sich Masche für Masche die unterschiedlichsten Sorgenmampfer zaubern:
Ob einen Sorgenmampfer als Einzahn, als Riese, Handysocke oder Rucksack, in diesem Buch entdeckt jeder schöne Lieblingsstücke.

Eine Häkelschule und genaue Anleitungen machen den Einstieg leicht.
Fortgeschrittene wandeln die Modelle nach eigenen Vorstellungen ab und lassen ihrer Kreativität in Form und Farbe freien Lauf.

Und wenn Sie Feuer gefangen haben und vom Häkeln nicht genug kriegen können:
Ein selbst gemachtes Geschenk kommt immer gut an ...

Wir wünschen Ihnen viel Spaß und Erfolg bei der Umsetzung!

Ihre Redaktion

Inhalt

Häkelschule

Abkürzungen

abn = abnehmen
DStb = Doppelstäbchen
fM = feste Masche(n)
hStb = halbe(s) Stäbchen
Km = Kettmasche
Lm = Luftmasche(n)
M = Masche(n)
R = Reihe(n)
Rd = Runde(n)
Stb = Stäbchen
U = Umschlag
Vorrd = Vorrunde(n)
Vorr = Vorreihe(n)
WLm = Wendeluftmasche(n)
zus = zusammen

Maschenprobe

Bevor es mit dem Häkeln losgeht, sollte eine Maschenprobe angefertigt werden, damit das Häkelstück auch wirklich passt, wenn es fertig ist. Dafür wird mit einer Nadel in der angegebenen Stärke und dem angegebenen Garn ein Probestück von etwa 12,0 x 12,0 cm gehäkelt. Dabei werden in der Mitte der Maschenprobe 10,0 x 10,0 cm ausgemessen. Jetzt wird abgezählt, wie viele Maschen auf 10 cm Breite und wie viele Reihen auf 10 cm Höhe vorhanden sind. Wenn die Maschen- oder Reihenzahl größer ist, dann eine dickere Nadel verwenden.
Ist die Maschen- oder Reihenzahl kleiner, eine dünnere Nadel verwenden.

Der Anfang

1. Jede Arbeit mit einer Schlinge beginnen, indem der Faden um Zeigefinger und Daumen gewickelt wird.
2. Nun die Nadel von unten durch die Daumenschlaufe führen.
3. Den Faden vom Zeigefinger holen (Umschlag) und durch die Daumenschlaufe ziehen.
4. Die Schlinge anziehen, sodass sie locker um die Nadel liegt.

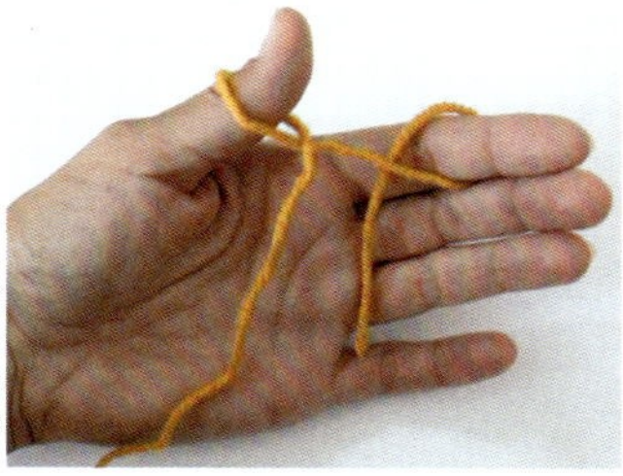

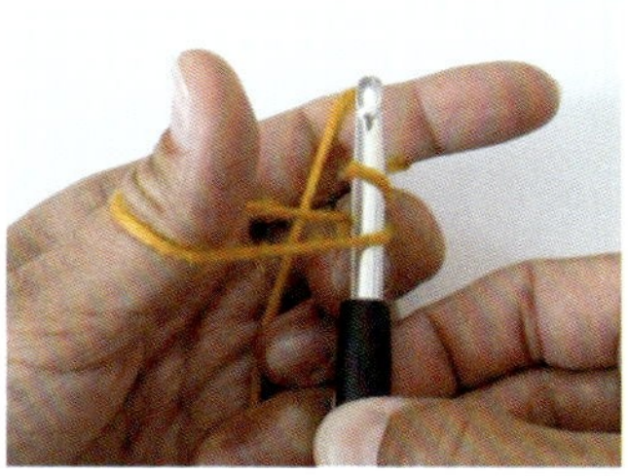
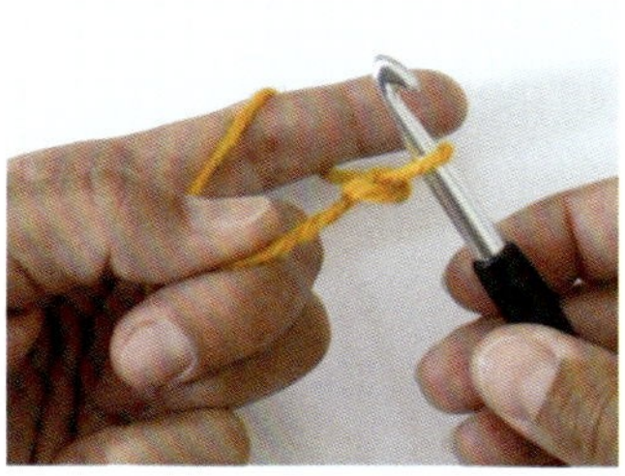

Luftmasche/Luftmaschenkette

1. Einen Umschlag machen und durch die Schlinge ziehen.
2. Die Schlinge anziehen, sodass sie locker um die Nadel liegt = 1 Luftmasche.
3. Für eine Luftmaschenkette weitere Luftmaschen häkeln.

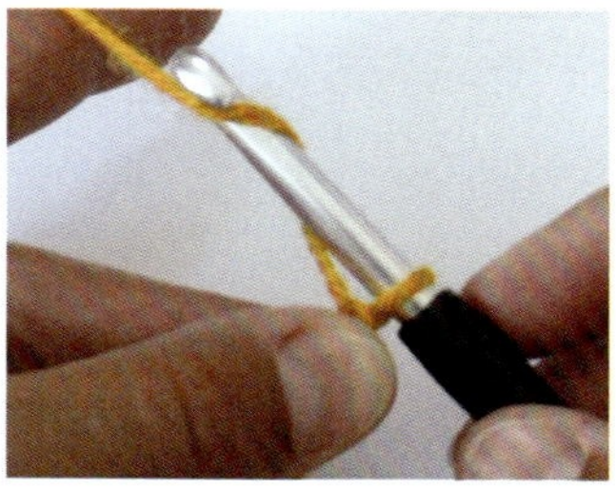
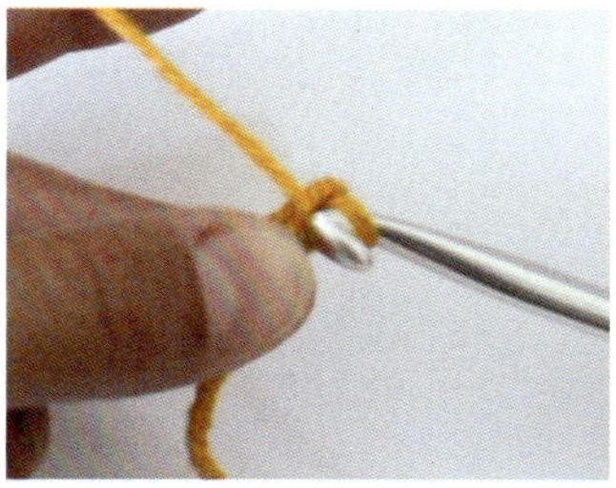

Häkelschule

Wendeluftmasche

1. Eine Luftmasche am Ende der Reihe häkeln.
2. Die Arbeit wenden und für die 1. Masche der 2. Reihe in die 2. Masche stechen.

Regeln bei Wendeluftmaschen

Feste Masche = 1 Luftmasche als Wendeluftmasche und in die 2. Masche stechen.

Halbes Stäbchen = 2 Luftmaschen als Wendeluftmaschen und in die 3. Masche stechen.

Ganzes Stäbchen = 3 Luftmaschen als Wendeluftmaschen und in die 4. Masche stechen.

Doppelstäbchen = 4 Luftmaschen als Wendeluftmaschen und in die 5. Masche stechen.

Kettmasche

1. Die Nadel durch ein Maschenglied stechen.
2. Einen Umschlag machen und diesen durch das Maschenglied und die Schlinge ziehen.

Feste Masche

1. Die Nadel durch ein Maschenglied stechen.
2. Einen Umschlag machen und durch das Maschenglied ziehen.
3. Nun liegen 2 Schlingen auf der Nadel.
4. Einen Umschlag machen und durch die beiden Schlingen ziehen.

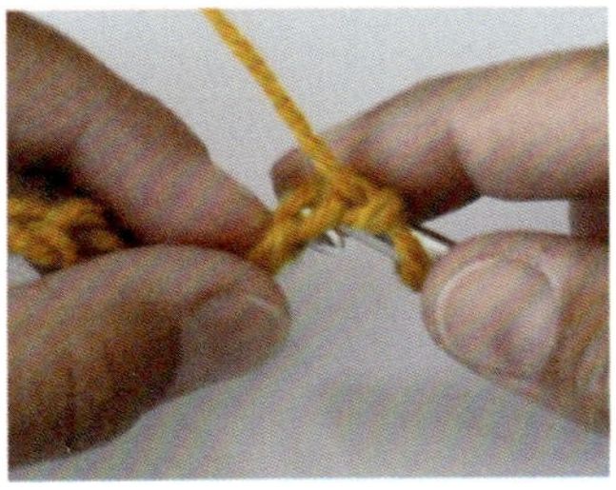

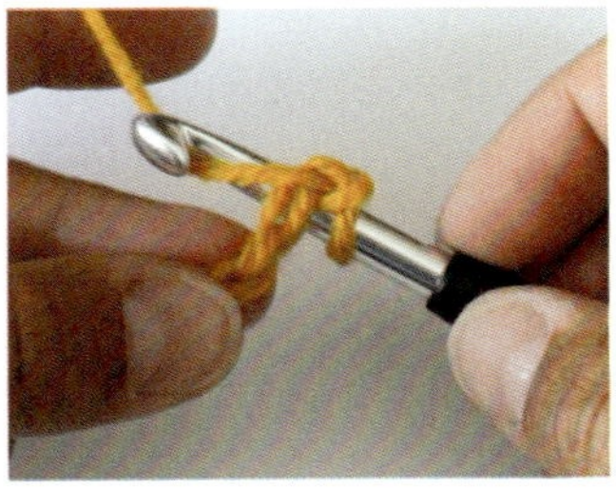

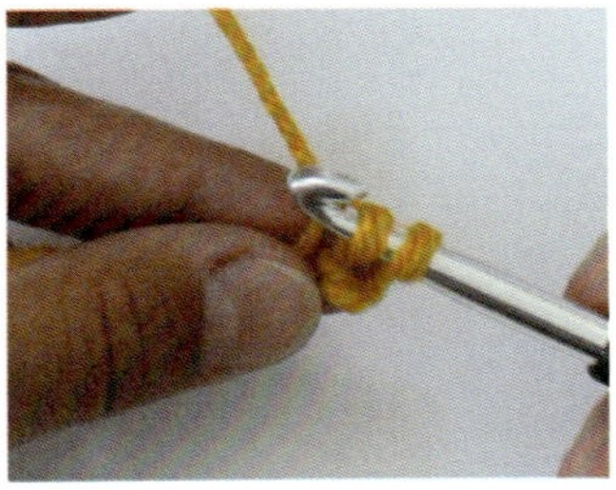

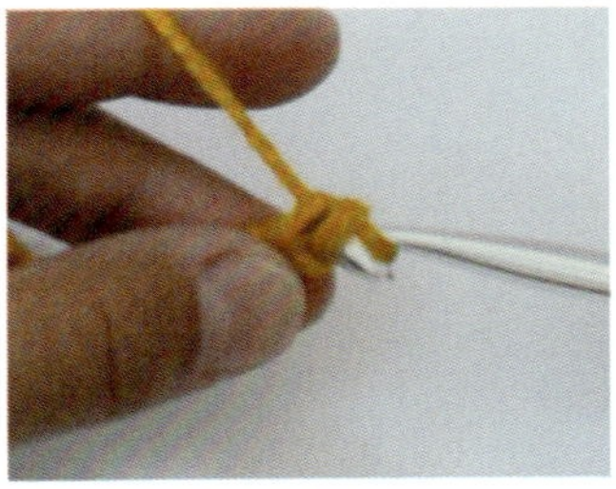

Häkelschule

Halbes Stäbchen

1. Einen Umschlag machen und die Nadel durch ein Maschenglied stechen.
2. Den Umschlag durch das Maschenglied ziehen.
3. Nun liegen 3 Schlingen auf der Nadel. Einen Umschlag machen und durch alle 3 Schlingen ziehen.
4. Die Schlinge anziehen, sodass sie locker um die Nadel liegt.

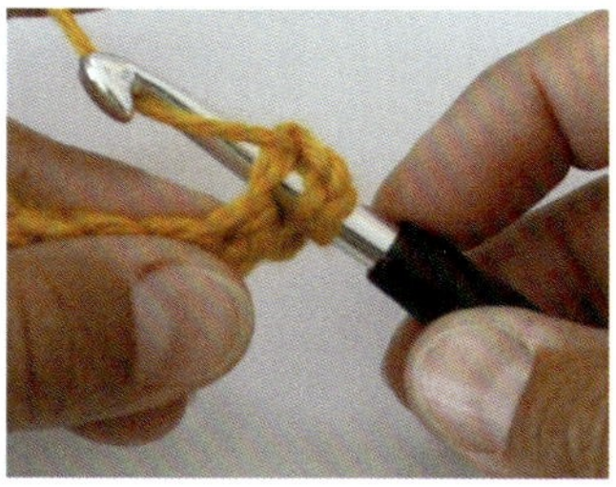
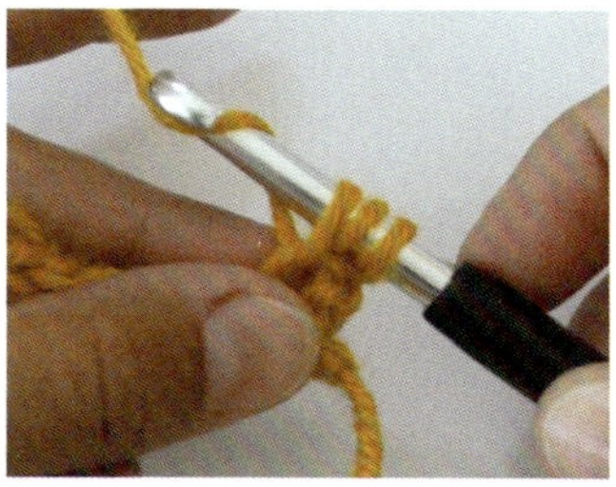

Ganzes Stäbchen

1. Einen Umschlag machen, die Nadel durch ein Maschenglied stechen und den Umschlag durch das Maschenglied ziehen.
2. Nun liegen 3 Schlingen auf der Nadel. Einen Umschlag machen und durch 2 Schlingen ziehen.
3. Nun sind noch 2 Schlingen auf der Nadel. Einen Umschlag holen und durch die restlichen beiden Schlingen ziehen.

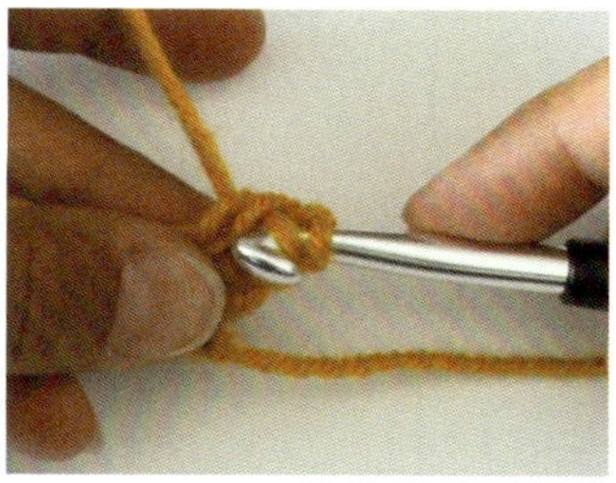

Bommel wickeln

1. Aus Pappe 2 Ringe mit dem Durchmesser der gewünschten Bommelgröße ausschneiden. In der Mitte ein Loch von einer Größe von ca. 1/3 des Durchmessers ausschneiden.
2. Beide Scheiben aufeinanderlegen und dann fest mit dem Wollfaden umwickeln.
3. Nun den Faden entlang der Kanten der Pappe aufschneiden.
4. Anschließend einen Faden zwischen die beiden Pappscheiben binden und festknoten. Nun beide Pappscheiben aufschneiden und abziehen.
5. Den Bommel gleichmäßig rund schneiden und an die Mütze annähen.

Häkelschule

In Runden häkeln (Bsp. mit Stb)

1. Eine Luftmaschenkette mit einer Kettmasche schließen.
2. 3 Luftmaschen häkeln (diese zählen als 1. Stäbchen), um die Höhe der nächsten Runde zu erreichen.
3. Dann ein Stäbchen häkeln, wobei der Umschlag durch das Ringloch (Luftmaschenring) gezogen wird.
4. Die Runde mit einer Kettmasche in der 3. Luftmasche der Vorrunde beenden. -> Es entsteht ein Loch in der Mitte.

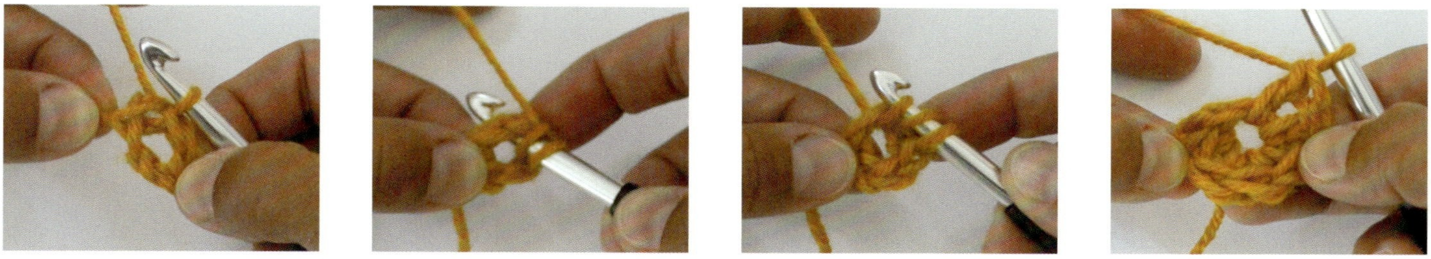

In Runden häkeln (Spiralrunden)

Bei Spiralrunden wird über den Rundenanfang weitergehäkelt. Somit ergeben sich keine sichtbaren Übergänge, sondern es entsteht ein gleichmäßiges Maschenbild. Zur Vereinfachung und Kennzeichnung des Rundenanfangs einen Faden zwischen die letzte und erste Masche binden.

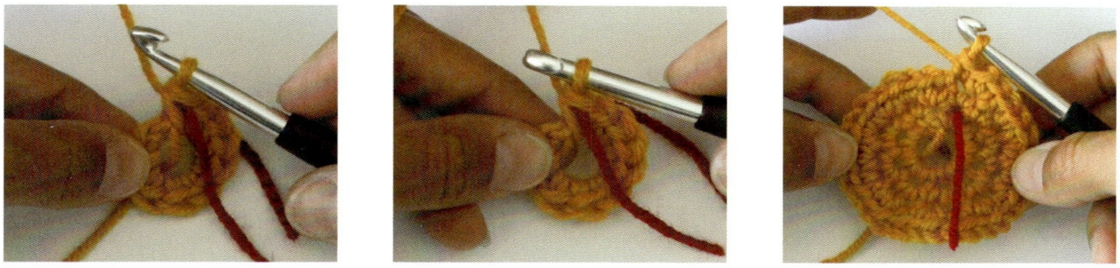

Magischer Ring (Fadenschlinge)

1. Halten Sie das Ende des Fadens fest und wickeln Sie den Faden um Ihren linken Finger.
2. Die Häkelnadel durch die Schlinge führen, einen Umschlag machen und durch die Schlinge ziehen.
3. 1 Luftmasche häkeln, dann feste Maschen um die Schlinge häkeln.
4. Das Fadenende anziehen, sodass sich die Schlinge und das Loch in der Mitte zusammenziehen.
   -> Es entsteht kein Loch in der Mitte.

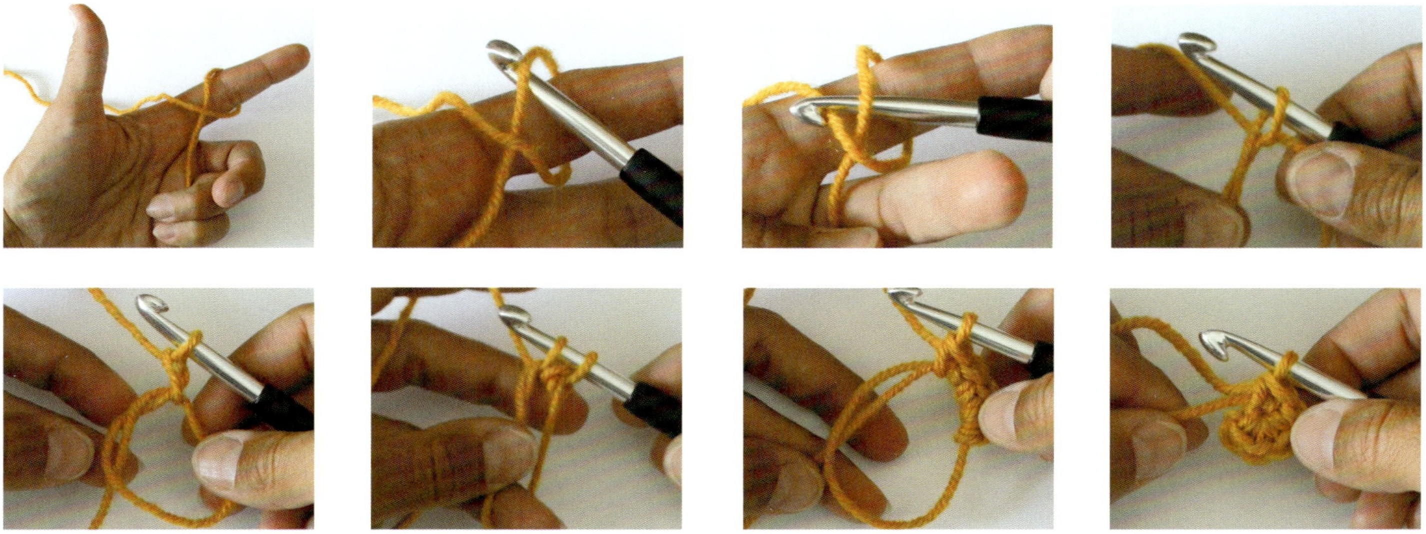

Häkelschule

Abnahme feste Maschen

1. Die Nadel durch ein Maschenglied stechen, einen Umschlag machen und durch das Maschenglied ziehen.
2. Nun liegen 2 Schlingen auf der Nadel.
3. Die Nadel durch die nächste Masche stechen, einen Umschlag machen und durch das Maschenglied ziehen.
4. Nun liegen 3 Schlingen auf der Nadel. Den Faden durch alle 3 Schlingen ziehen.

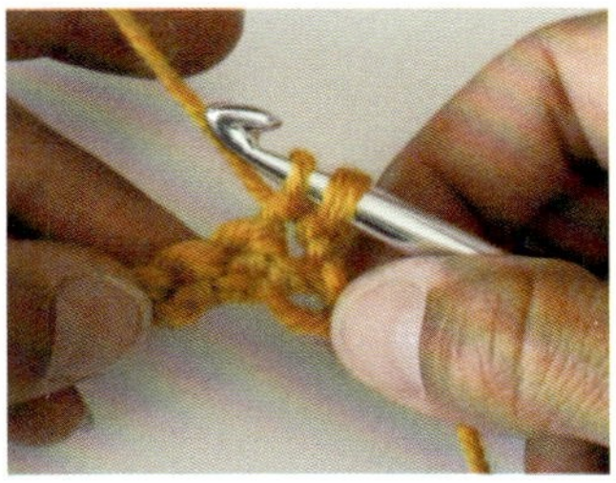
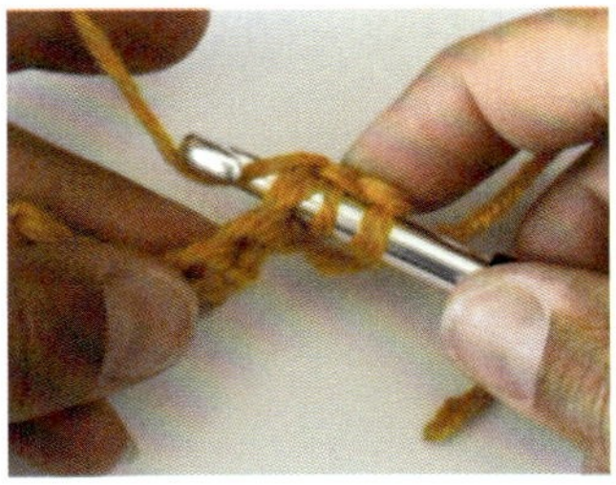
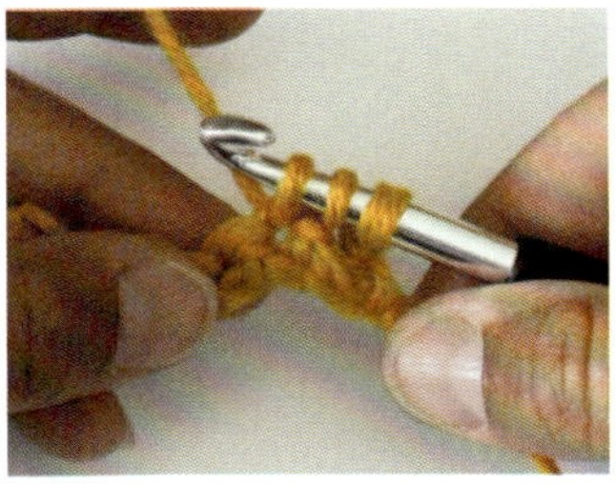

Abnahme Stäbchen

1. Einen Umschlag machen und durch ein Maschenglied stechen.
2. Einen Umschlag machen und durch das Maschenglied ziehen.
3. Nun liegen 3 Schlingen auf der Nadel. Die Nadel durch das nächste Maschenglied stechen.
4. Einen Umschlag machen und durch das Maschenglied ziehen.
5. Nun liegen 4 Schlingen auf der Nadel. Den Faden durch alle 4 Schlingen ziehen.

Zunahmen

Um eine Masche zuzunehmen, werden 2 Maschen in dasselbe Maschenglied gehäkelt.

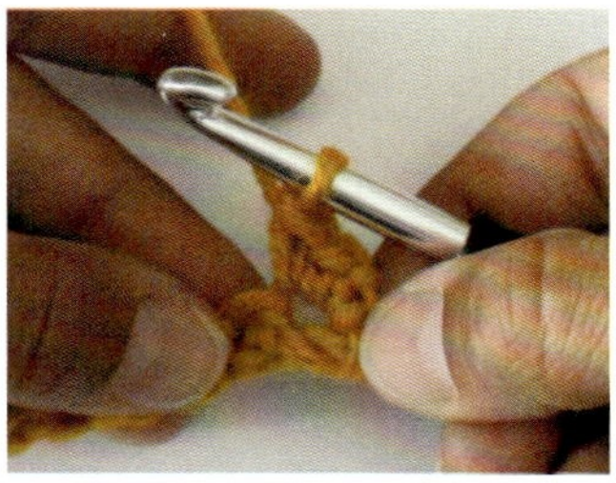

Farbwechsel

Bei einem Farbwechsel wird der letzte Umschlag mit der neuen Farbe geholt. Die letzte Masche ist somit mit der alten Farbe gehäkelt und auf der Nadel befindet sich für die nächste Masche die neue Farbe. Nach Anleitung weiterhäkeln.

Häkelschule

Fäden vernähen

Anfangs- und Endfaden müssen am Ende vernäht werden.
Benutzen Sie dafür eine Wollnadel oder eine stumpfe Sticknadel.
1. Den Faden durch das Nadelloch ziehen.
2. Die Nadel ca. 5 cm durch die Maschen ziehen.
3. Den Faden kurz abschneiden.

Zusammennähen

1. Den Faden durch das Nadelloch ziehen.
2. Die zu vernähenden Kanten aneinanderlegen.
3. Den Faden an der rechten Kante durch die Masche ziehen.
4. Dann in den linken unteren Rand einstechen und kurz darüber wieder ausstechen.
5. Nun in der rechten Kante darüber einstechen und kurz darüber wieder ausstechen.
6. Bis zum Ende weiterführen.
7. Den Faden kurz abschneiden.

Zusammenhäkeln

1. Die zu schließenden Kanten aneinanderlegen, sodass die Innenseiten außen sind.
2. Mit der Nadel durch beide Teile stechen und eine feste Masche häkeln.
3. In die nächsten Maschen der beiden Teile stechen und wieder eine feste Masche häkeln.
4. Bis zum Ende weiterführen.
5. Den Faden kurz abschneiden.
6. Die Arbeit umdrehen, sodass die Naht innen liegt.

Buchumschlag mit Sorgenmampfer

für Buchformat ca. 15,5 x 22,0 x 1,0 cm

MATERIAL:
ca. 70 g rot bestehend aus:
100 % Polyacryl
50 g = 60 m Lauflänge

ca. 20 g schwarz bestehend aus:
45 % Baumwolle
55 % Polyacryl
50 g = 78 m Lauflänge

je ca. 15 g in Verlauf grün, weiß bestehend aus:
75 % Polyacryl
25 % Polyamid
50 g = 210 m Lauflänge

Reste in blau meliert
1 kleiner Knopf

HÄKELNADEL:
5,0 mm (Grundform)
4,0 mm (Sorgenmampfer)

GRUNDMUSTER:
Luftmaschen
Kettmaschen
Feste Maschen
Halbe Stäbchen

MASCHENPROBE:
12 M, 16 R = 10,0 x 10,0 cm (rot)
30 M, 40 R = 10,0 x 10,0 cm (Verlauf grün)

GRUNDFORM:
In rot 55 Lm anschlagen.
Reihe 1-13:
2 WLm, 1 hStb in jede M. (55 M)
Reihe 14-17:
In schwarz 2 WLm, 1 hStb in jede M. (55 M)
Reihe 18-22:
In rot 2 WLm, 1 hStb in jede M. (55 M)
Reihe 23:
2 WLm, 1 hStb in jede M. (55 M)

SORGENMAMPFER:
In Verlauf grün 15 Lm anschlagen.
Reihe 1-2:
2 WLm, 1 hStb in jede M. (15 M)
Reihe 3-4:
In weiß 2 WLm, 1 hStb in jede M. (15 M)
Reihe 5-6:
In Verlauf grün 2 WLm, 1 hStb in jede M. (15 M)
Reihe 7-8:
In weiß 2 WLm, 1 hStb in jede M. (15 M)
Reihe 9:
2 WLm, 4 hStb, 7 Lm, 7 M überspringen (Mund), 4 hStb. (15 M)
Reihe 10-12:
2 WLm, 1 hStb in jede M. (15 M)
Reihe 13:
2 WLm, 1. und 2. M sowie 14. und 15. M zus abn. (13 M)
Reihe 14:
2 WLm, 1. und 2. M sowie 12. und 13. M zus abn. (11 M)
Reihe 15:
2 WLm, 1. und 2. M sowie 10. und 11. M zus abn. (9 M)

MUND:
In weiß am rechten Mundrand (Sorgenmampfer) 2 fM anhäkeln (nach oben).
Reihe 1-4:
1 WLm, 1 fM in jede M. (2 M)
Reihe 5:
1 WLm, 4 Lm, 1 Km in die 2. M.

ARME (2 STÜCK):
In Verlauf grün 3 Lm anschlagen.
Reihe 1-4:
2 WLm, 1 hStb in jede M. (3 M)
Reihe 5:
2 WLm, 2. und 3. M zus abn. (1 M)

AUGEN (2 STÜCK):
TEIL 1:
In Verlauf grün 6 Lm anschlagen und mit 1 Km zum Ring schließen. In hStb häkeln.
Runde 1:
Jede M verdoppeln. (12 M)
Runde 2:
Jede 2. M verdoppeln. (18 M)
TEIL 2:
In schwarz 4 Lm anschlagen und mit 1 Km zum Ring schließen.

HÖRNER (2 STÜCK):
In blau meliert 20 Lm anschlagen.
Reihe 1:
2 WLm, 1 hStb in jede M. (20 M)

Fertigstellung:
1.) Den kleinen Knopf am linken Mundrand annähen.
2.) Mit schwarz und rot einen Mund aufsticken.
3.) Augen zusammensetzen und oberhalb vom Mund festnähen.
4.) Arme rechts und links am Körper annähen.
5.) Sorgenmampfer auf dem Umschlag befestigen und die Hörner etwas einrollen und mit annähen.
6.) Umschlag auf das passende Buch legen und die Seiten des Umschlages gleichmäßig um den Einband legen. Die oberen und unteren Enden zusammennähen.

Einäugiger Sorgenmampfer

MATERIAL:
ca. 40 g gelb bestehend aus:
100 % Baumwolle
50 g = 115 m Lauflänge

ca. 40 g lila-Verlauf bestehend aus:
100% Polyacryl
50 g = 133 m Lauflänge

Reste in schwarz, gelb

GRUNDMUSTER:
Luftmaschen
Kettmaschen
Feste Maschen
Halbe Stäbchen
Ganze Stäbchen

Füllmaterial ca. 4 Handvoll
1 Stk. Klettband

HÄKELNADEL:
4,0 mm

MASCHENPROBE:
22 M, 29 R = 10,0 x 10,0 cm (gelb)
19 M, 26 R = 10,0 x 10,0 cm (lila-Verlauf)

GRUNDFORM:
In lila Verlauf 6 Lm anschlagen und mit 1 Km zum Ring schließen. In hStb häkeln.
Runde 1:
Jede M verdoppeln. (12 M)
Runde 2:
Jede 2. M verdoppeln. (18 M)
Runde 3:
Jede 3. M verdoppeln. (24 M)
Runde 4:
Jede 4. M verdoppeln. (30 M)
Runde 5:
Jede 5. M verdoppeln. (36 M)
Runde 6-20:
1 hStb in jede M. (36 M)
Runde 21-24:
In gelb 1 hStb in jede M. (36 M)
Runde 25:
Jede 5. M abn. (30 M)
Runde 26:
1 hStb in jede M. (30 M)
Runde 27:
3 hStb, 6 Lm, 6 M überspringen (Mund), 21 hStb. (30 M)
Runde 28:
1 hStb in jede M. (30 M)
Runde 29:
Jede 4. M abn. (24 M)
Runde 30-34:
1 hStb in jede M. (24 M)
Runde 35:
In lila Verlauf 1 hStb in jede M. (24 M)
Mit Füllwatte ausstopfen.

ZIPFEL 1:
Runde 1:
An Grundform weiterhäkeln.
In lila-Verlauf 8 hStb, 1 KM in die 1.M. (8 M)
Runde 2-4:
1 hStb in jede M. (8 M)
Runde 5:
1. M und 2. M sowie 5. M und 6. M zus abn. (6 M)
Runde 6:
Jede M zus abn. (3 M)

ZIPFEL 2:
Runde 1:
An Grundform anhäkeln.
18 hStb in jede M. (2 M mehr durch die Verbindung zwischen beiden Zipfeln)
Runde 2:
1. M und 9. M verdoppeln. (20 M)
Runde 3-4:
1 hStb in jede M. (20 M)
Runde 5:
Jede 3. M zus abn. (15 M)
Runde 6-7:
1 hStb in jede M. (15 M)
Runde 8:
Jede 2. M zus abn. (10 M)
Runde 9 und 10:
1 hStb in jede M. (10 M)
Runde 11:
Jede M zus abn. (5 M)
Runde 12:
1 hStb in jede M. (5 M)
Runde 13:
Jede M zus abn, 1 KM. (2 M)

ZÄHNE (2 STÜCK):
In weiß 3 Lm anschlagen.
Reihe 1 und 2:
1 WLm, 1 fM in jede M . (3 M)

TASCHE:
In gelb 7 Lm anschlagen und mit 1 Km zum Ring schließen. In fM häkeln.
Runde 1:
Jede M verdoppeln. (14 M)
Runde 2:
Jede 2. M verdoppeln. (21 M)
Runde 3-8:
1 fM in jede M. (21 M)
Runde 9:
Jede 2. M zus abn. (14 M)
Runde 10-11:
1 fM in jede M. (14 M)

BART:
In gelb 5 Lm anschlagen .
Reihe 1:
1 WLm, in 1. M 1 fM, 1 hStb, 1 Stb, 1 hStb, 1 fM, in 2. M 1 Km, in 3. M 1 fM, 1hStb, 1 Stb, 1 hStb , 1 fM, in 4. M 1 Km, in 5. M 1 fM, 1 hStb, 1 Sbt, 1 hStb, 1 fM.

ARME (2 STÜCK):
In gelb 6 Lm anschlagen und mit 1 Km zum Ring schließen.
Runde 1:
M1 verdoppeln, 1 hStb in jede M. (7 M)
Runde 2:
Jede M verdoppeln. (14 M)
Runde 3-5:
1 hStb in jede M. (14 M)
Runde 6-7:
In lila Verlauf 1 hStb in jede M. (14 M)

AUGE:
TEIL 1:
In weiß 6 Lm anschlagen und mit 1 Km zum Ring schließen. In fM häkeln.
Runde 1:
Jede M verdoppeln. (12 M)
Runde 2:
Jede 2. M verdoppeln. (18 M)
TEIL 2:
In schwarz 6 Lm anschlagen und mit 1 Km zum Ring schließen.

Fertigstellung:
1.) Die Arme an den Körper nähen.
2.) Das Auge fertigstellen und über dem Mund anbringen.
3.) Den Klettverschluss an den Zähnen befestigen und passend dazu etwas unterhalb am Mund.
4.) Die Zähne am Mund annähen.
5.) Den Bart darüber festmachen.
6.) Tasche einnähen.

Einzahn-Sorgenmampfer

MATERIAL:
je ca. 200 g braun, rot, petrol bestehend aus:
100 % Polyacryl
100 g = 60 m Lauflänge

ca. 20 g weiß bestehend aus:
55 % Polyacryl
45 % Baumwolle
75 g = 117 m Lauflänge
Reste in schwarz

GRUNDMUSTER:
Luftmaschen
Kettmaschen
Feste Maschen
Halbe Stäbchen

1 Knopf

HÄKELNADEL:
4,0 mm
10,0 mm

MASCHENPROBE:
8 M, 12 R = 10,0 x 10,0 cm (braun, rot, petrol)
14 M, 20 R = 10,0 x 10,0 cm (schwarz, weiß)

GRUNDFORM:
In rot 30 Lm anschlagen um mit 1 Km zum Ring schließen.
Runde 1:
1 hStb in jede M. (30 M)
Runde 2:
In petrol 1 hStb in jede M. (30 M)
Runde 3:
In rot 1 hStb in jede M. (30 M)
Runde 4:
In petrol 1 hStb in jede M. (30 M)
Runde 5:
In rot 1 hStb in jede M. (30 M)
Runde 6:
In petrol 1 hStb in jede M. (30 M)
Runde 7:
In rot 1 hStb in jede M. (30 M)
Runde 8:
In petrol 1 hStb in jede M. (30 M)
Runde 9:
In rot 1 hStb in jede M. (30 M)
Runde 10-11:
In braun 1 hStb in jede M. (30 M)
Runde 12:
8 hStb, 14 Lm, 14 M überspringen (mund), 8 hStb. (30 M)
Runde 13-5:
1 hStb in jede M. (30 M)
Runde 16:
Jede 4. M zus abn. (24 M)
Runde 17:
Jede 3. M zus abn. (18 M)
Runde 18:
Jede 2. M zusammennehmen. (12 M)

ARME / BEINE (4 STÜCK):
In braun 4 Lm anschlagen und mit 1 Km zum Ring schließen.
Runde 1:
Jede M verdoppeln. (8 M)
Runde 2-3:
1 fM in jede M. (8 M)

HAARE (3 STÜCK):
In petrol /rot 6 Lm anschlagen und mit 1 Km zum Ring schließen.
(Form zum Hufeisen ziehen)

AUGEN (2 STÜCK):
TEIL 1:
In weiß 6 Lm anschlagen und mit 1 Km zum Ring schließen.
In fM häkeln.
Runde 1:
Jede M verdoppeln. (12 M)
Runde 2:
Jede 2. M verdoppeln. (18 M)
Runde 3:
Jede 3. M verdoppeln. (24 M)
TEIL 2:
In schwarz 6 Lm anschlagen und mit 1 Km zum Ring schließen.
In fM häkeln.
Runde 1:
Jede M verdoppeln. (12 M)

ZAHN:
In weiß 4 Lm anschlagen .
Reihe 1:
1 WLm, 1 fM in jede M. (4 M)
Reihe 2:
1 fM in jede M. (4 M)

Fertigstellung:
1.) Augen zusammenfügen und über dem Mund annähen.
2.) Die Haare in die kleine Öffnung am Kopf stecken (in die letzte Runde von der Grundform). Das Loch schließen und gleichzeitig die Haare einnähen.
3.) Die Arme rechts und links am Körper anbringen.
4.) Auf der Rückseite des Zahnes einen Knopf annähen.
5.) Den Zahn an der oberen „Lippe" befestigen.
6.) Die Beine an der unteren Öffnung einlegen und alles zusammenschließen.

Gespenstischer Sorgenmampfer

MATERIAL:
ca. 50 g türkis bestehend aus:
100 % Polyacryl
100 g = 60 m Lauflänge
ca. 25 g petrol bestehend aus:
100 % Polyacryl
100 g = 60 m Lauflänge
ca. 10 g cremeweiß bestehend aus:
100 % Schurwolle
50 g = 55 m Lauflänge
Reste in schwarz, weiß, rot

GRUNDMUSTER:
Luftmaschen
Kettmaschen
Feste Maschen
Halbe Stäbchen

Reißverschluß ca. 8 cm lang

HÄKELNADEL:
5,0 mm

MASCHENPROBE:
8 M, 12 R = 10,0 x 10,0 cm (türkis, petrol)
13 M, 19 R = 10,0 x 10,0 cm (cremeweiß)

GRUNDFORM:
In türkis 14 Lm anschlagen und mit 1 Km zum Ring schließen.
Runde 1-2:
1 hStb in jede M. (14 M)
Runde 3-5:
In petrol 1 hStb in jede M. (14 M)
Runde 6-7:
In türkis 1 hStb in jede M. (14 M)
Runde 8-9:
In cremeweiß 1 hStb in jede M. (14 M)
Runde 10:
2 hStb, 10 Lm, 10 M überspringen (Mund), 2 hStb. (14 M)
Runde 11-14:
In cremeweiß 1 hStb in jede M. (14 M
Runde 15-16:
In türkis 1 hStb in jede M. (14 M)

AUGE:
TEIL 1:
In weiß 6 Lm anschlagen und mit 1 Km zum Ring schließen.
Runde 1:
Jede M verdoppeln. (12 M)
TEIL 2:
In schwarz 2 Lm anschlagen.
Runde 1:
In die 1. Lm 6 fM häkeln und mit 1 Km den Ring schließen. (6 M)

KREUZ (2 STÜCK):
In schwarz 4 Lm anschlagen.

ARME (2 STÜCK):
In rot 6 Lm anschlagen .
Reihe 1:
1 WLm, 1 fM in jede M. (6 M)

Fertigstellung:
1.) Den Reißverschluss einnähen.
2.) Das Auge zusammensetzen und festmachen über dem Mund.
3.) Das Kreuzauge aufnähen.
4.) Die offene Naht am Kopf schließen.
5.) Die Arme befestigen.
6.) Die Sterne aufsticken.
7.) Den Unterkörper schließen.

Großes Sorgenmampfer-Kuschelkissen

MATERIAL:
ca. 150 g türkis bestehend aus:
100 % Polyacryl
100 g = 60 m Lauflänge

Reste in schwarz, weiß, rot, petrol

GRUNDMUSTER:
Luftmaschen
Kettmaschen
Feste Maschen
halbe Stäbchen
Ganze Stäbchen

Füllmaterial ca. 7 Handvoll
1 Knopf

HÄKELNADEL:
5,0 mm

MASCHENPROBE:
8 M, 12 R = 10,0 x 10,0 cm

GRUNDFORM:
In türkis 6 Lm anschlagen und mit 1 Km zum Ring schließen.
In Stb häkeln.
Runde 1 (nur in die hintere M häkeln):
Jede M verdoppeln. (12 M)
Runde 2 (nur in die hintere M häkeln):
Jede 2. M verdoppeln. (18 M)
Runde 3 (nur in die hintere M häkeln):
Jede 3. M verdoppeln. (24 M)
Runde 4:
Jede 4. M verdoppeln. (30 M)
Runde 5:
Jede 5. M verdoppeln. (36 M)
Runde 6:
Jede 6. M verdoppeln. (42 M)
Runde 7:
Jede 7. M verdoppeln. (48 M)
Runde 8:
Jede 7. M zus abn. (42 M)
Runde 9:
Jede 6. M zus abn. (36 M)
Runde 10:
Jede 5. M zus abn. (30 M)
Runde 11:
Jede 4. M zus abn. (24 M)
Mit Füllwatte ausstopfen.
Runde 12:
Jede 3. M zus abn. (18 M)
Runde 13:
Jede 2. M zus abn. (12 M)
Runde 14:
Jede M zus abn. (6 M)

AUGEN (2 STÜCK):
Teil 1:
In weiß 6 Lm anschlagen und mit 1 Km zum Ring schließen.
In fM häkeln.
Runde 1:
Jede M verdoppeln (12 M) und mit 1 Km schließen.
Runde 2:
Jede 2. M verdoppeln. (18 M)
Runde 3:
Jede 3. M verdoppeln. (24 M)
TEIL 2:
In schwarz 6 Lm anschlagen.
Runde 1:
Jede M verdoppeln. (12 M)

ZAHN:
In weiß 3 Lm anschlagen .
Reihe 1-2:
1 WLm, 1 fM in jede M. (3 M)

MUND:
In schwarz 6 Lm anschlagen und mit 1 Km zum Ring schließen.
In hStb häkeln.
Runde 1:
Jede M verdoppeln. (12 M)
Runde 3:
Jede 2. M verdoppeln. (18 M)
Runde 4:
In rot meliert jede 3. M verdoppeln. (24 M)

Fertigstellung:
1.) Die Augen fertigmachen und aufnähen.
2.) Den Zahn auf dem Mund befestigen.
3.) Den Knopf aufnähen und den Mund zu dreiviertel auf dem Kissen befestigen
4.) Die Haare anbringen.

Kleiner Sorgenmampfer

MATERIAL:
je ca. 10 g grün, gelb, weiß bestehend aus:
100 % Baumwolle
100 g = 115 m Lauflänge

Reste in schwarz, gelb

1 kleines Ü-Ei

GRUNDMUSTER:
Luftmaschen
Kettmaschen
Feste Maschen
Halbe Stäbchen

HÄKELNADEL:
4,0 mm

MASCHENPROBE:
22 M, 29 R = 10,0 x 10,0 cm

GRUNDFORM:
In grün 20 Lm anschlagen und mit 1 Km zum Ring schließen.
Runde 1-8:
1 hStb in jede M. (20 M)
Runde 9-15:
In gelb 1 hStb in jede M. (20 M)

AUGEN (2 STÜCK):
TEIL 1:
In weiß 6 Lm anschlagen und mit 1 Km zum Ring schließen. In fM häkeln.
Runde 1:
Jede M verdoppeln (12 M) und mit einer Km schließen.
Runde 2:
Jede 2. M verdoppeln. (18 M)
TEIL 2:
In schwarz 6 Lm anschlagen.
Runde 1:
Jede M verdoppeln. (12 M)

Fertigstellung:
1.) Die Augen zusammennähen (schwarz und weiß).
2.) Augen mittig auf dem Grundkörper befestigen.
3.) Den Mund aufsticken.
4.) Einen Faden durch Runde 3 ziehen und mit einer Schleife schließen.
5.) Dass kleine Ü-Ei hineinlegen und auf der anderen Seite mit einem weiteren eingeführten Faden abschließen.

Man kann davon mehrere kleine Mampfer häkeln. Es bietet sich in dem Zusammenhang an verschiedenen Gesichtsausdrücken aufzusticken.

Kleiner Sorgenmampfer für Schlüsselbund

MATERIAL:
je ca. 15 g orange, weiß bestehend aus:
100 % Baumwolle
100 g = 115 m Lauflänge

Reste in schwarz, rot

GRUNDMUSTER:
Luftmaschen
Kettmaschen
Feste Maschen
Ganze Stäbchen

1 Knopf

HÄKELNADEL:
4,0 mm

MASCHENPROBE:
22 M, 29 R = 10,0 x 10,0 cm

Grundform:
In orange 6 Lm anschlagen und mit 1 Km zum Ring schließen.
In fM häkeln.
Runde 1:
Jede M verdoppeln. (12 M)
Runde 2:
Jede 2. M verdoppeln. (18 M)
Runde 3-5:
1 fM in jede M. (18 M)
Runde 6-7:
In weiß 1 hStb in jede M. (18 M)
Runde 8-9:
In orange 1 fM in jede M. (18 M)
Runde 10-11:
In weiß 1 hStb in jede M. (18 M)
Runde 12-13:
In orange 1 fM in jede M. (18 M)
Runde 14-15:
In weiß 1 hStb in jede M. (18 M)
Runde 16:
In weiß 6 hStb, 6 Lm, 6 M überspringen (Mund), 6 hStb. (18 M)
Runde 17-20:
In weiß 1 hStb in jede M. (18 M)
Runde 21:
Jede 2. M zus abn. (12 M)
Runde 22:
Jede M zus abn. (6 M)

HÄNDE (2 STÜCK):
In orange 5 Lm anschlagen und mit 1 Km zum Ring schließen.
Runde 1-3:
1 fM in jede M. (5 M)

FÜSSE (2 STÜCK):
In orange 4 Lm anschlagen und mit 1 Km zum Ring schließen.
In fM häkeln.
Runde 1:
Jede M verdoppeln. (8 M)
Runde 2-4:
1 hSt in jede M. (8 M)

OHREN (2 STÜCK):
TEIL 1:
In weiß 6 Lm anschlagen und mit 1 Km zum Ring schließen.
In fM häkeln.
Runde 1:
Jede M verdoppeln. (12 M)
Runde 2:
1 fM in jede M. (12 M)
TEIL 2:
In orange 4 Lm anschlagen und mit 1 Km zum Ring schließen.

MUND:
An den rechten Mundrand 2 fM anhäkeln.
Reihe 1-3:
1 WLm, 1 fM in jede M. (2 M)
Reihe 4:
5 Lm, 1 Km in 2. M.

AUGEN (2 STÜCK):
TEIL 1:
In orange 6 Lm anschlagen und mit 1 Km zum Ring schließen.
In fM häkeln.
Runde 1:
Jede M verdoppeln. (12 M)
TEIL 2:
In weiß 3 Lm anschlagen und mit 1 Km zum Ring schließen.
In fM häkeln.
Runde 1:
Jede m verdoppeln. (6 M)

Fertigstellung:
1.) Die Ohrenteile zusammennähen und oberhalb des Kopfes anbringen.
2.) Die Arme an den Seiten festmachen.
3.) Die Beine an der unteren Grundform befestigen.
4.) Die Augen zusammenfügen. Einen schwarzen Punkt als Pupille aufsticken und am Kopf etwas oberhalb des Mundes annähen.
5.) Auf die Mundöffnung einen richtigen Mund sticken.
6.) Den Knopf befestigen.

Riesensorgenmampfer

MATERIAL:
ca. 100 g blau-grün bestehend aus:
100 % Polyacryl
100 g = 75 m Lauflänge

ca. 100 g weiß bestehend aus:
55 % Polyacryl
45 % Baumwolle
75 g = 117 m Lauflänge

Reste in schwarz, hellblau

GRUNDMUSTER:
Luftmaschen
Kettmaschen
Feste Maschen
Halbe Stäbchen
Ganze Stäbchen

Füllmaterial ca. 10 Handvoll
1 Reißverschluß ca. 20cm lang

HÄKELNADEL:
4,0 mm

MASCHENPROBE:
22 M, 30 R = 10,0 x 10,0 cm (blau-grün)
14 M, 20 R = 10,0 x 10,0 cm (weiß)

GRUNDFORM:
In blau-grün 70 Lm anschlagen und mit 1 Km zum Ring schließen .
Runde 1-5:
2 Lm, 1 hStb in jede M , mit 1 Km in 2. Lm der Vorr enden. (70 M)
Runde 6-7:
In weiß 2 Lm, 1 hStb in jede M, mit 1 Km in 2. Lm der Vorr. (70 M)
Runde 8-12:
In blau-grün 2 Lm, 1 hStb in jede M, mit 1 Km in 2. Lm der Vorr enden. (70 M)
Runde 13-14:
In weiß 2 Lm, 1 hSt in jede M, mit 1 Km in 2. Lm der Vorr enden. (70 M)
Runde 15-19:
In blau-grün 2 Lm, 1 hSt in jede M, mit 1 Km in 2. Lm der Vorr enden. (70 M)
Runde 20-21:
In weiß 2 Lm, 1 hSt in jede M, mit 1 Km in 2. Lm der Vorr enden. (70 M)
Runde 23-27:
In blau-grün 2 Lm, 1 hSt in jede M, mit 1 Km in 2. Lm der Vorr enden. (70 M)
Runde 28-30:
In weiß 2 Lm, 1 hSt in jede M, mit 1 Km in 2. Lm der Vorr enden. (70 M)
Runde 31:
2 Lm, 3 hStb, 32 Lm, 32 M überspringen (Mund), 35 hStb, mit 1 Km in 2. Lm der Vorr enden. (70 M)
Runde 32-41:
In weiß 2 Lm, 1 hStb in jede M, mit 1 Km in 2. Lm der Vorr enden. (70 M)
Runde 42:
Jede 9. M zus abn. (63 M)
Runde 43:
Jede 8. M zus abn. (54 M)
Runde 44:
Jede 7. M zus abn. (49 M)
Runde 45:
Jede 6. M zus abn. (42 M)
Runde 46:
Jede 5. M zus abn. (35 M)

TASCHE:
In weiß 66 Lm anschlagen und mit 1 Km zum Ring schließen.
Runde 1-6:
1 hStb in jede M. (66 M)
Runde 7:
Jede 10. M zus abn. (60 M)
Runde 8:
1 hStb in jede M. (60 M)
Runde 9:
Jede 9. M zus abn. (54 M)
Runde 10:
1 hStb in jede M. (54 M)

AUGEN (2 STÜCK):
TEIL 1:
In weiß 6 Lm anschlagen und mit 1 Km zum Ring schließen. In fM weiterhäkeln.
Runde 1:
Jede M verdoppeln. (12 M)
Runde 2:
Jede 2. M verdoppeln. (18 M)
Runde 3:
Jede 3. M verdoppeln. (24 M)
Runde 4:
In hellblau jede 4. M verdoppeln. (30 M)
TEIL 2:
In schwarz 2 Lm anschlagen.
Runde 1:
In die 1. Lm 6 fM häkeln und mit 1 Km den Ring schließen. (6 M)
Runde 2:
Jede M verdoppeln. (12 M)

ARME (2 STÜCK):
In blau-grün 6 Lm anschlagen und mit 1 Km zum Ring schließen.
In hStb weiterhäkeln.
Runde 1:
Jede M verdoppeln. (12 M)
Runde 2:
Jede 2. M verdoppeln. (18 M)
Runde 3:
Jede 3. M verdoppeln. (24 M)
Runde 4-10:
1 hStb in jede M. (24 M)

BEINE (2 STÜCK):
In blau-grün 6 Lm anschlagen und mit 1 Km zum Ring schließen.
In hStb weiterhäkeln.
Runde 1:
Jede M verdoppeln. (12 M)
Runde 2:
Jede 2. M verdoppeln. (18 M)
Runde 3:
Jede 3. M verdoppeln. (24 M)
Runde 4:
Jede 4. M verdoppeln. (30 M)
Runde 5-9:
1 hStb in jede M. (30 M)

HAARE (3 STÜCK):
In blau-grün 6 Lm anschlagen und mit 1 Km zum Ring schließen. In Stb häkeln.
Runde 1:
Jede M verdoppeln. (12 M)
Runde 2-5:
1 St in jede M. (12 M)

Fertigstellung:
1.) Die Tasche halbieren und den unteren Rand zusammennähen. Die obere Öffnung an der Grundform am Mund befestigen.
2.) Den Reißverschluss einnähen.
3.) Die Augen fertigstellen und oberhalb vom Mund aufnähen.
4.) Die Arme mit Füllwatte ausstopfen und am Körper befestigen.
5.) Die Beine mit Füllwatte ausstopfen und am Körper festmachen. Gleichzeitig die untere Naht schließen.
6.) Den Sorgenmampfer mit Watte befüllen und die obere Naht schließen.
7.) Die Haare gleichmäßig auf dem Kopf verteilen und annähen.

Rucksack mit Sorgenmampfer

MATERIAL:
je ca. 200 g petrol, braun bestehend aus:
100 % Polyacryl
100 g = 60 m Lauflänge

ca. 15 g neongrün bestehend aus:
30 % Schurwolle
70 % Polyacryl
50 g = 60 m Lauflänge

Reste in schwarz, weiß, orange, rot

GRUNDMUSTER:
Luftmaschen
Kettmaschen
Feste Maschen
Halbe Stäbchen

Reißverschluss ca. 8 cm lang

HÄKELNADEL:
4,0 mm (Sorggenmampfer)
10,0 mm (Rucksack)

MASCHENPROBE:
8 M, 12 R = 10,0 x 10,0 cm (braun, petrol)

RUCKSACK:
In petrol 6 Lm anschlagen und mit 1 Km zum Ring schließen. In fM häkeln.
Runde 1:
Jede M verdoppeln. (12 M)
Runde 2:
Jede 2. M verdoppeln. (18 M)
Runde 3:
Jede 3. M verdoppeln. (24 M)
Runde 4:
Jede 4. M verdoppeln. (30 M)
Runde 5:
Jede 5. M verdoppeln. (36 M)
Runde 6:
Jede 6. M verdoppeln. (42 M)
Runde 7:
In braun jede 7. M verdoppeln. (48 M)
Runde 8:
In braun jede 8. M verdoppeln. (54 M)
Runde 9:
In braun jede 9. M verdoppeln. (60 M)
Runde 10-15:
In petrol 1 fM in jede M. (60 M)
Runde 16:
In braun 1 fM in jede M. (60 M)
Runde 17:
In petrol 1 fM in jede M. (60 M)
Runde 18-22:
In braun 1 fM in jede M. (60 M)
Runde 23-24:
In petrol 1 fM in jede M. (60 M)
Runde 25:
In braun 1 fM in jede M. (60 M)
Runde 26:
In braun jede 9. M abn. (54 M)
Runde 27:
In braun 1 fM in jede M. (54 M)
Runde 28:
In braun jede 8. M abn. (48 M)
Runde 29:
In petrol 1 St in jede M. (48 M)
Runde 30-34:
In petrol 1 fM in jede M. (48 M)
Runde 35:
In braun 1 fM in jede M. (48 M)
(in beide M häkeln)

TRÄGER (2 STÜCK):
In braun 50 Lm anschlagen.
Reihe 1-2:
2 WLm, 1 hSt in jede M. (50 M)

GESICHT:
In neongrün 15 Lm anschlagen.
Reihe 1-3:
2 WLm, 1 hStb in jede M . (15 M)
Reihe 4:
2 WLm, 2 hStb, 11 Lm, 11 M überspringen (Mund), 2 hStb. (15 M)
Reihe 5:
2 WLm, 1 hStb in jede M. (15 M)
Reihe 6:
Die 1. M und 2. M zus abn, 11 hStb, die 14. M und 15. M zus abn. (13 M)
Reihe 7:
Die 1. M und 2. M zus abn, 9 hStb, die 12. M und 13. M zus abn. (11 M)
Reihe 8:
Die 1. M und 2. M zus abn, 7 hStb, die 10. M und 11. M zus abn. (9 M)
Reihe 9:
Die 1. M und 2. M zus abn, 5 hStb, die 8. M und 9. M zus abn. (7 M)

AUGEN (2 STÜCK):
TEIL 1:
In weiß 6 Lm anschlagen und mit 1 Km zum Ring schließen.
Runde 1:
Jede M verdoppeln. (12 M)
Runde 2:
Jede 2. M verdoppeln. (18 M)
Runde 3:
Jede 3. M verdoppeln. (24 M)
TEIL 2:
In schwarz 2 Lm anschlagen.
Runde 1:
In die 1. Lm 6 fM häkeln und mit 1 Km den Ring schließen. (6 M)

Tipp:
Bei m Rucksack in das hintere Maschenglied häkeln.

ZACKEN (4 STÜCK):
In orange/rot 6 Lm anschlagen.
Reihe 1:
1 WLm, 1 fM ,3 hStb, 2 DStb häkeln.

Fertigstellung:
1.) Fäden im Rucksack vernähen und Träger befestigen.
2.) In der 29. Runde mit der Nadel in petrol und braun einen Faden durchziehen, um Rucksack zu verschließen.
3.) Den Reißverschluss in Gesicht einnähen und vorn an dem Rucksack befestigen.
4.) Den schwarzen Teil der Augen auf den weißen Part nähen.
5.) Die untere Hälft der Augen auf dem Gesicht festmachen.
6.) Die Zacken unter dem Auge auf dem Rucksack annähen.
7.) Den Rest des Auges befestigen.

Tipp:
Die Zacken müssen nicht symmetrisch angebracht werden.

Sorgenmampfermütze für Jungen

MATERIAL:
ca. 65 g grün bestehend aus:
55 % Polyacryl
45 % Baumwolle
75 g = 117 m Lauflänge

ca. 20 g rot bestehend aus:
55 % Polyacryl
45 % Baumwolle
75 g = 117 m Lauflänge

Reste in schwarz, weiß

GRUNDMUSTER:
Luftmaschen
Kettmaschen
Feste Maschen
Halbe Stäbchen

1 Stk. Klettband

HÄKELNADEL:
5,0 mm

MASCHENPROBE:
14 M, 20 R = 10,0 x 10,0 cm

GRUNDFORM:
In grün 6 Lm anschlagen und mit 1 Km zum Ring schließen. In hStb häkeln.
Runde 1:
Jede M verdoppeln. (12 M)
Runde 2:
Jede 2. M verdoppeln. (18 M)
Runde 3:
Jede 3. M verdoppeln. (24 M)
Runde 4:
Jede 4. M verdoppeln. (30 M)
Runde 5:
Jede 5. M verdoppeln. (36 M)
Runde 6:
Jede 6. M verdoppeln. (42 M)
Runde 7:
Jede 7. M verdoppeln. (48 M)
Runde 8:
Jede 8. M verdoppeln. (54 M)
Runde 9:
Jede 9. M verdoppeln. (60 M)
Runde 10-20:
1 hStb in jede M. (60 M)
Runde 21-23:
In rot 1 hStb in jede M. (60 M)

AUGEN (1 STÜCK):
TEIL 1:
In weiß 6 Lm anschlagen und mit 1 Km zum Ring schließen.
In fM weiterhäkeln.
Runde 1:
Jede M verdoppeln. (12 M)
Runde 2:
Jede 2. M verdoppeln. (18 M)
Runde 3:
Jede 3. M verdoppeln. (24 M)
TEIL 2:
In schwarz 2 Lm anschlagen.
Runde 1:
In die 1. Lm 6 fM häkeln und mit 1 Km den Ring schließen. (6 M)
Runde 2:
Jede M verdoppeln. (12 M)

AUGENKLAPPE (2 STÜCK):
In schwarz 6 Lm anschlagen und mit 1 Km zum Ring schließen. In hStb häkeln.
Runde 1:
Jede M verdoppeln. (12 M)
Runde 2:
Jede 2. M verdoppeln. (18 M)
Runde 3:
Jede 3. M verdoppeln. (24 M)
Runde 4:
Jede 4. M verdoppeln. (30 M)

BAND FÜR KLAPPE:
In schwarz 60 Lm anschlagen.

HÖRNER (2 STÜCK):
In schwarz 16 Lm anschlagen und mit 1 Km zum Ring schließen.
Runde 1:
In schwarz 1 hStb in jede M. (16 M)
Runde 2-4:
In braun 1 hStb in jede M. (16 M)
Runde 5:
In braun 1. und 2. M zus abn. (15 M)
Runde 6:
In braun 1. und 2. M sowie 7. und 8. M zus abn. (13 M)
Runde 7:
In braun 1. und 2. M zus abn. (12 M)
Runde 8:
In braun 1. und 2. M sowie 5. und 6. M zus abn. (10 M)
Runde 9:
In rot 1. und 2. M zus abn. (9 M)
Runde 10:
In rot 1. und 2. M sowie 4. und 5. M zus abn. (7 M)
Runde 11:
In rot 1. und 2. M zusammennehmen. (6 M)
Runde 12:
In rot 1. und 2. M sowie 3. und 4. M zus abn. (4 M)
Runde 13:
In rot 1. und 2. M zus abn. (3 M) Mit 1 Km die Runde schließen.

Fertigstellung:
1.) Die beiden Hörner rechts und links an der Mütze befestigen.
2.) Das Auge zusammennähen und an der Mütze anbringen.
3.) Beide Augenklappen zu 3/4 zusammennähen. An der Öffnung innen das Klettband befestigen und dann die Augenklappe auf der Mütze annähen.
4.) Das Band um die Mütze annähen, so dass sich die Enden an der Augenklappe treffen.
5.) Einen Mund aufsticken. Erst längs und dann quer einige Stiche.

Tipp:
Bei den Augen und der Augenklappe in das hintere Maschenglied häkeln.

Sorgenmampfer-Handtasche

MATERIAL:
je ca. 35 g rot, orange bestehend aus:
100 % Baumwolle
30 % Schurwolle
50 g = 60 m Lauflänge

Reste in schwarz, weiß

GRUNDMUSTER:
Luftmaschen
Kettmaschen
Feste Maschen
Halbe Stäbchen

1 großes Ü-Ei

HÄKELNADEL:
5,0 mm

MASCHENPROBE:
8 M, 14 R = 10,0 x 10,0 cm

GRUNDFORM:
In rot 25 Lm anschlagen und mit 1 Km zum Ring schließen.
Runde 1-2:
1 hStb in jede M. (25 M)
Runde 2:
In orange 1 hStb in jede M. (25 M)
Runde 3-4:
In rot 1 hStb in jede M. (25 M)
Runde 5-7:
In orange 1 hStb in jede M. (25 M)
Runde 8:
In rot 1 hStb in jede M. (25 M)
Runde 9-10:
In orange 1 hStb in jede M. (25 M)
Runde 11-3:
In rot 1 hStb in jede M. (25 M)

AUGEN (2 STÜCK):
Teil 1:
In weiß 6 Lm anschlagen und mit 1 Km zum Ring schließen. In fM häkeln.
Runde 1:
Jede M verdoppeln und mit 1 Km schließen. (12 M)
Runde 2:
Jede 2. M verdoppeln. (18 M)
Runde 3:
Jede 3. M verdoppeln. (24 M)
TEIL 2:
In schwarz 6 Lm anschlagen und mit 1 Km zum Ring schließen. In fM häkeln.
Runde 1:
Jede M verdoppeln. (12 M)

BAND:
In rot 30 Lm anschlagen.

Fertigstellung:
1.) Die Augen zusammennähen und an der Röhre mittig annähen.
2.) Einen Mund aufsticken.
3.) Das Band etwas über den Augen befestigen (jeweils in einer roten Runde).
4.) Einen Faden in der vorletzten Runde durchziehen und eine Schleife binden.
5.) Das Innenleben des Überraschungseis hinein machen und durch das andere Ende ebenfalls einen Strick durchziehen und eine Schleife binden.

Sorgenmampfer auf dem Stift

MATERIAL:
je ca. 10 g grün, rose bestehend aus:
100 % Baumwolle
50 g = 115 m Lauflänge

Reste in schwarz, weiß und rot

GRUNDMUSTER:
Luftmaschen
Kettmaschen
Feste Maschen
Halbe Stäbchen
Ganze Stäbchen

HÄKELNADEL:
4,0 mm

MASCHENPROBE:
22 M, 29 R = 10,0 x 10,0 cm

GRUNDFORM:
In rose 2 Lm angeschlagen.
Runde 1:
6 fM in die 1. M. (6 M)
Runde 2:
2 fM in 1. M, 4 fM, 2 fM in 6. M. (8 M)
Runde 3-8:
1 Stb in jede M. (8 M)
Den Faden abschneiden und Loch schließen.
Runde 9-11:
An Runde 2 in grün 1 fM in jede M. (8 M)

KOPF:
In grün 6 Lm anschlagen und mit 1 Km zum Ring schließen.
In fM häkeln.
Runde 1:
Jede M verdoppeln. (12 M)
Runde 2:
Jede 2. M verdoppeln. (18 M)
Runde 3:
Jede 3. M verdoppeln. (24 M)
Runde 4-7:
1 fM in jede M. (24 M)
Runde 8:
Jede 3. M zus abn. (18 M)
Runde 9:
Jede 2. M zus abn. (12 M)

AUGEN (2 STÜCK):
TEIL 1:
In weiß 6 Lm anschlagen und mit 1 Km zum Ring schließen.
In fM häkeln.
Runde 1:
Jede M verdoppeln. (12 M)
Runde 2:
Jede 2. M verdoppeln. (18 M)
TEIL 2:
In schwarz 6 Lm anschlagen.
Runde 1:
Jede M verdoppeln. (12 M)

VIERECK:
In rot 4 Lm anschlagen .
Reihe 1-4:
1 WLm, 1 fM in jede M. (4 M)

BAND:
In grün 40 Lm anschlagen.

Fertigstellung:
1.) Die Augen fertigstellen und auf den Kopf nähen.
2.) Den Kopf mit 2-3 M an der Grundform annähen, so dass der Kopf nach hinten auf- und zugeklappt werden kann
3.) Das Viereck zum Dreieck falten und auf den Kopf befestigen.
4.) Das Band in Runde 3 durchziehen.

Sorgenmampfer gerollt

MATERIAL:
ca. 40 g blau-grün bestehend aus:
100 % Polyacryl
100 g = 75 m Lauflänge

ca. 20 g hellblau bestehend aus:
100 % Polyacryl
100 g = 75 m Lauflänge

Reste in schwarz, weiß, rot

GRUNDMUSTER:
Luftmaschen
Kettmaschen
Feste Maschen
Halbe Stäbchen

1 Knopf

HÄKELNADEL:
5,0 mm

MASCHENPROBE:
22 M, 30 R = 10,0 x 10,0 cm

GRUNDFORM (2 STÜCK):
In blau-grün 15 Lm anschlagen .
Reihe 1-10:
2 WLm, 1 hStb in jede M. (15 M)
Reihe 11-20:
In hellblau 2 WLm, 1 hStb in jede M. (15 M)
Reihe 21-30:
In blau- grün 2 WLm, 1 hStb in jede M. (15 M)

AUGEN (2 STÜCK):
TEIL 1:
In hellblau 6 Lm anschlagen und mit 1 Km zum Ring schließen. In fM häkeln.
Runde 1:
Jede M verdoppeln. (12 M)
Runde 2:
Jede 2. M verdoppeln. (18 M)
Runde 3:
Jede 3. M verdoppeln. (24 M)
TEIL 2:
In schwarz 2 Lm anschlagen. In fM häkeln.
Runde 1:
In die 1. Lm 6 fM häkeln und mit 1 Km den Ring schließen. (6 M)
Runde 2:
Jede M verdoppeln. (12 M)

ZUNGE:
In rot 18 Lm anschlagen . (Letzte M etwas größer lassen)

ZACKEN FÜR AUGEN:
In weiß 4 Lm anschlagen. In fM häkeln.
Reihe 1:
1. M überspringen, 1 fM, 1 hStb, 1 Stb.

Fertigstellung:
1.) Die Grundformen an den beiden Längsseiten und an einer kurzen Seite zusammennähen.
2.) Die Augen fertigstellen und an der Tasche festmachen. (Die Augen schauen in Richtung den kurzen zugenähten Seite)
3.) Die Zacken seitlich an den Augen anbringen.
4.) Die Zunge mittig unterhalb der augen annähen. Der Knopf zum Befestigen kommt mittig oberhalb der Augen.
5.) Die Seiten, wie ein Portmonee zusammenklappen und die letzte Schlinge der Zunge um den Knopf legen.

Sorgenmampfer-Handysocke

MATERIAL:
je ca. 40 g hellgrün, gelb, weiß bestehend aus:
100 % Baumwolle
50 g = 115 m Lauflänge

Reste in schwarz, rot

GRUNDMUSTER:
Luftmaschen
Kettmaschen
Feste Maschen
Ganze Stäbchen

1 Knopf

HÄKELNADEL:
5,0 mm

MASCHENPROBE:
22 M, 29 R = 10,0 x 10,0 cm

GRUNDFORM:
3-fädig in weiß, hellgrün, gelb 20 Lm anschlagen und mit 1 Km zum Ring schließen. Es wird in Runden gehäkelt, dabei jede Runde mit 1 Lm beginnen und mit 1 Km in der Lm enden.

Runde 1-6:
3 WLm, 1 Stb in jede M. (20 M)

Runde 7:
3 WLm, 4 Stb, in rot 3-fädig 12 Stb, in weiß, gelb, hellgrün 3- fädig 4 Stb. (20 M)

Runde 8:
3 WLm, 4 Stb, in rot 3-fädig 1 Stb, 10 Lm, 10 M überspringen (Mund), 1 Stb, in weiß, gelb, hellgrün 3-fädig 4 Stb. (20 M)

Runde 9-11:
3 WLm, 1 Stb in jede M. (20 M)

AUGEN (2 STÜCK):

TEIL 1:
In schwarz 2 Lm anschlagen.

Runde 1:
In die 1. Lm 4 fM häkeln und mit 1 Km den Ring schließen. (4 M)

TEIL 2 (1 STÜCK):
In weiß 6 Lm anschlagen und mit 1 Km zum Ring schließen.

Runde 1:
Jede M verdoppeln. (12 M)

Runde 2:
Jede 2. M verdoppeln. (18 M)

TEIL 3 (1 STÜCK):
In weiß 6 Lm anschlagen und mit 1 Km zum Ring schließen.

Runde 1:
Jede M verdoppeln. (12 M)

ZAHN:
In weiß 6 Lm anschlagen und mit 1 Km zum Ring schließen. In fM weiter häkeln.

Runde 1:
Jede M verdoppeln. (12 M)

Runde 2:
Jede 2. M verdoppeln. (18 M)

Fertigstellung:
1.) Die Augen fertigstellen (schwarzen Teil auf weißen nähen) und auf dem Sorgenmampfer befestigen.
2.) Auf der Rückseite des Zahnes den Knopf aufnähen.
3.) Den Zahn am Mund befestigen.
4.) Die Handysocke an der oberen und der unteren Öffnung schließen.

Sorgenmampfer in lila

MATERIAL:
ca. 40 g lila bestehend aus:
100 % Baumwolle
50 g = 115 m Lauflänge
ca. 40 g hellblau bestehend aus:
100 % Polyacryl
50 g = 133 m Lauflänge
ca. 20 g bunt bestehend aus:
100 % Polyacryl
50 g = 133 m Lauflänge
Reste in schwarz, weiß

GRUNDMUSTER:
Luftmaschen
Kettmaschen
Feste Maschen
Halbe Stäbchen

Reißverschluss ca. 9 cm lang

HÄKELNADEL:
4,0 mm

MASCHENPROBE:
22 M, 29 R = 10,0 x 10,0 cm (lila)
19 M, 26 R = 10,0 x 10,0 cm (hellblau)

GRUNDFORM:
In bunt 40 Lm anschlagen und mit 1 Km zum Ring schließen.
Runde 1-2:
1 hStb in jede M. (40 M)
Runde 3-12:
In lila 1 hStb in jede M. (40 M)
Runde 13-14:
In bunt 1 hStb in jede M. (40 M)
Runde 15-17:
In hellblau 1 hStb in jede M. (40 M)
Runde 18:
16 Lm, 16 M überspringen (Mund), 1 hStb in jede M. (40 M)
Runde 19-24:
Tasche und Reißverschluss annähen
1 hStb in jede M. (40 M)
Runde 25:
Jede 9. M zus abn. (36 M)
Runde 26:
1 hStb in jede M. (36 M)
Runde 27:
Jede 8. M zus abn. (32 M)
Runde 28:
Jede 7. M zus abn. (28 M)

TASCHE:
In hellblau 33 Lm anschlagen .
Reihe 1-7:
2 WLm, 1 hStb in jede M. (33 M)

ARME / BEINE (INSGESAMT 4 STÜCK):
In lila / bunt 6 Lm anschlagen und mit 1 Km zum Ring schließen. In hStb häkeln.
Runde 1:
Jede M verdoppeln. (12 M)
Runde 2-5:
1 hStb in jede M. (12 M)

GROSSER PUNKT:
In bunt 6 Lm anschlagen und mit 1 Km zum Ring schließen. In fM häkeln.
Runde 1:
Jede M verdoppeln. (12 M)
Runde 2:
Jede 2. M verdoppeln. (18 M)
Runde 3:
Jede 3. M verdoppeln. (24 M)
Runde 4:
Jede 4. M verdoppeln. (30 M)

MITTLERER PUNKT:
In bunt 6 Lm anschlagen und mit 1 Km zum Ring schließen. In fM häkeln.
Runde 1:
Jede M verdoppeln. (12 M)
Runde 2:
Jede 2. M verdoppeln. (18 M)
Runde 3:
Jede 3. M verdoppeln. (24 M)

KLEINER PUNKT (2 STÜCK):
In bunt 6 Lm anschlagen und mit 1 Km zum Ring schließen. In fM häkeln.
Runde 1:
Jede M verdoppeln. (12 M)

HAAR:
In bunt 15 Lm anschlagen.
Reihe 1:
1 fM in jede M. (15 M)

AUGEN (2 STÜCK):
TEIL 1:
In weiß 6 Lm anschlagen und mit 1 Km zum Ring schließen. In fM häkeln.
Runde 1:
Jede M verdoppeln. (12 M)
Runde 2:
Jede 2. M verdoppeln. (18 M)
TEIL 2:
In schwarz 2 Lm anschlagen.
Runde 1:
In die 1. Lm 6 fM häkeln und mit 1 Km den Ring schließen. (6 M)

OHREN (2 STÜCK):
TEIL 1 (KLEINES OHR):
In lila 10 Lm anschlagen .
Reihe 1-7:
2 WLm, 1 hStb in jede M. (10 M)
TEIL 1 (GROSSES OHR):
In lila 14 Lm anschlagen.
Reihe 1-10:
2 WLm, 1 hStb in jede M. (14 M)
TEIL 2:
In bunt 5 Lm anschlagen.
Reihe 1-3:
1 WLm, 1 hStb in jede M. (5 M)

Fertigstellung:
1.) Die Augen fertigstellen und über dem Reißverschluss annähen
2.) Die Arme an den Seiten befestigen.
3.) Die Punkte auf dem Körper verteilen und befestigen.
4.) Teil 1 und 2 der Ohren zu Dreiecken formen. Beide zusammennähen und an der gewünschten Stelle fest machen.
5.) Das Haar festnähen und die obere Naht der Grundform schließen.
6.) Die Beine am unteren Rand annähen und den Rand schließen.

Sorgenmampfer mit rotem Hut

MATERIAL:
ca. 20 g türkis bestehend aus:
100 % Baumwolle
50 g = 115 m Lauflänge

je ca. 10 g weiß, rot bestehend aus:
100 % Baumwolle
50 g = 115 m Lauflänge

Reste in schwarz, weiß, gelb

GRUNDMUSTER:
Luftmaschen
Kettmaschen
Feste Maschen
Halbe Stäbchen

Füllmaterial ca. 2,5 Handvoll

HÄKELNADEL:
4,0 mm

MASCHENPROBE:
22 M, 29 R = 10,0 x 10,0 cm

KÖRPER:
In türkis 6 Lm anschlagen und mit 1 Km zum Ring schließen. In fM häkeln.
Runde 1:
Jede M verdoppeln. (12 M)
Runde 2:
Jede 2. M verdoppeln. (18 M)
Runde 3:
Jede 3. M verdoppeln. (24 M)
Runde 4:
Jede 4. M verdoppeln. (30 M)
Runde 5:
Jede 5. M verdoppeln. (36 M)
Runde 6:
In weiß jede 6. M verdoppeln. (42 M)
Runde 7:
In weiß jede 7. M verdoppeln. (48 M)
Runde 8-9:
In türkis 1 fM in jede M. (48 M)
Runde 10-11:
In weiß 1 fM in jede M. (48 M)
Runde 12-13:
In türkis 1 fM in jede M. (48 M)
Runde 14:
In weiß jede 7. M abnehmen. (42 M)
Runde 15:
In weiß jede 6. M abnehmen. (36 M)
Runde 16:
In türkis jede 5. M abnehmen. (30 M)
Runde 17-26:
In türkis 1 fM in jede M. (30 M)
Runde 27:
In türkis jede 4. M abnehmen. (24 M)
Runde 28:
In türkis jede 3. M abnehmen. (18 M)
Runde 29-36:
In weiß 1 fM in jede M. (18 M)
Nach der 36. Runde das Füllmaterial in den Körper geben.
Den letzten weißen Teil nach Innen stülpen.
Runde 37:
In weiß jede 2. M abn. (12 M)
Runde 38-39:
In weiß 1 fM in jede M. (12 M)
Runde 40:
In weiß jede M abn. (6 M)

DECKEL:
In rot 2 Lm anschlagen.
(In beide Maschen häkeln)
Runde 1:
6 fM in die 1. LM häkeln. (6 M)
Runde 2:
Jede M verdoppeln. (12 M)
Runde 3:
Jede 2. M verdoppeln. (18 M)
Runde 4:
Jede 3. M verdoppeln. (24 M)
Runde 5:
Jede 4. M verdoppeln. (30 M)
Runde 6-7:
1 fM in jede M (30 M)
Runde 8:
1 fM, 3 hStb in nächste M, 1 fM, 3 hStb in nächste M. von * - * wiederholen.

AUGEN (2 STÜCK):
TEIL 1:
In weiß 6 Lm anschlagen und mit 1 Km zum Ring schließen.
Runde 1:
Jede M verdoppeln. (12 M).
TEIL 2:
In schwarz 2 Lm anschlagen.
Runde 1:
In die 1.Lm 3 fM häkeln .(3 M)

ARME (2 STÜCK):
In türkis 6Lm anschlagen und mit 1 Km zum Ring schließen.
Runde 1:
Jede M verdoppeln. (12 M)
Runde 2-3:
1 fM in jede M. (12 M)

Tipp:
Bei dem Körper in das hintere Maschenglied häkeln.

MUND:
In schwarz 7 Lm anschlagen.

PUNKTE FÜR KÖRPER (4 STÜCK):
In rot 2 Lm anschlagen.
Runde 1:
In die 1. Lm 6 fM häkeln. (6 M)
Runde 2:
1 fM in jede M. (6 M)

NASE:
In gelb 2 Lm anschlagen.
Runde 1:
In die 1. Lm 6 fM häkeln. (6 M)
Runde 2:
1 fM in jede M. (6 M)

Fertigstellung:
1.) Den schwarzen Teil vom Auge auf den weißen nähen. Einen zusätzlichen kleinen weißen Punkt auf das Schwarze sticken.
2.) Die Augen auf dem Oberkörper nähen.
3.) Zwischen den Augen die Nase befestigen und den Mund etwas unterhalb der Nase anbringen.
4.) Arme mit etwas Watte befüllen und rechts und links am Körper annähen.
5.) Die kleinen roten Punkte auf dem gestreiften Körper befestigen.
6.) Zuletzt den Hut am Hinterkopf annähen. Bitte achten Sie darauf, dass vorne eine Öffnung bleibt. Dort ist das kleine Geheimfach für die Zettelchen.

Sorgenmampfer-Schlüsselhalter

MATERIAL:
ca. 30 g beige bestehend aus:
45 % Baumwolle
55 % Polyacryl
75 g = 117 m Lauflänge

Reste in schwarz, weiß, rot

GRUNDMUSTER:
Luftmaschen
Kettmaschen
Feste Maschen

2 Knöpfe

HÄKELNADEL:
5,0 mm

MASCHENPROBE:
14 M, 20 R = 10,0 x 10,0 cm

GRUNDFORM:
In beige 6 Lm anschlagen und mit 1 Km zum Ring schließen.
In fM häkeln.
Runde 1:
Jede M verdoppeln. (12 M)
Runde 2:
Jede 2. M verdoppeln. (18 M)
Runde 3:
Jede 3. M verdoppeln. (24 M)
Runde 4:
Jede 4. M verdoppeln. (30 M)
Runde 5:
Jede 5. M verdoppeln. (36 M)
Runde 6:
Jede 6. M verdoppeln, dabei nach der 16. M 10 Lm häkeln und 10 M überspringen (Mund). (42 M)
Runde 7:
Jede 7. M verdoppeln. (48 M)
Runde 8:
Jede 7. M zus abn. (42 M)
Runde 9:
Jede 6. M zus abn. (36 M)
Runde 10:
Jede 5. M zus abn. (30 M)
Runde 11:
Jede 4. M zus abn. (24 M)
Runde 12:
6 fM, *5 LM, 2 M überspringen, 1 Km*, von * bis * 3-Mal wiederholen, 6 fM.

BAND:
In rot 45 Lm anschlagen.

AUGEN (2 STÜCK):
TEIL 1:
In weiß 6 Lm anschlagen und mit 1 Km zum Ring schließen.
Runde 1:
Jede M verdoppeln (12 M) und mit einer Km schließen.
TEIL 2:
In schwarz 2 Lm anschlagen.
Runde 1:
In die 1.Lm 6 fM häkeln (6 M) und mit einer Km schließen.

MUND:
In beige in die 1.M vom Mund 3 Lm, 2 M überspringen, 1 Km, 5 LM häkeln, 2 M überspringen, 1 Km, 5 Lm, 2 M überspringen, 1 Km, 3 LM, 2 M überspringen, 1 Km.

TASCHE:
In beige 6 Lm anschlagen und mit 1 Km zum Ring schließen.
In fM häkeln.
Runde 1:
Jede M verdoppeln. (12 M)
Runde 2:
Jede 2. M verdoppeln. (18 M)
Runde 3:
Jede 3. M verdoppeln. (24 M)
Runde 4:
1 fM in jede M. (24 M)

Fertigstellung:
1.) Die Tasche an den Mund nähen und nach innen stülpen.
2.) Die beiden Knöpfe über dem Mund anbringen.
3.) Die Augen fertigstellen und auf der Grundform befestigen.
4.) Zum Schluss das rote Band anbringen und mit einem Doppelknoten verankern.

Tipp:
Bei der Grundform in das hintere Maschenglied häkeln.

Sorgenmampfer mit Blümchen

MATERIAL:
je ca. 25 g weiß, rosa bestehend aus:
45 % Baumwolle
55 % Polyacryl
75 g = 117 m Lauflänge

Reste in schwarz, weiß, gelb, lila, grau, hellblau

GRUNDMUSTER:
Luftmaschen
Kettmaschen
Feste Maschen
Halbe Stäbchen
Ganze Stäbchen

1 Knopf

HÄKELNADEL:
5,0 mm

MASCHENPROBE:
14 M, 20 R = 10,0 x 10,0 cm

GRUNDFORM:
In rosa 24 Lm anschlagen und mit 1 Km zum Ring schließen.
Runde 1-4:
1 hStb in jede M. (24 M)
Runde 5:
In grau *1 fM, 1 hStb, 1 Stb,1 hStb, 1 fM*, von * bis * wiederholen. (24 M)
Runde 6:
In lila * 1 Stb, 1 hStb,1 fM, 1 hStb, 1 Stb*, von * bis * wiederholen. (24 M)
Runde 7-8:
In rosa 1 hStb in jede M. (24 M)
Runde 9-10:
In weiß 1 hStb in jede M. (24 M)
Runde 11:
7 hStb, 10 Lm, 10 M überspringen (Mund), 7 hStb. (24 M)
Runde 12-13:
In weiß 1 hStb in jede M. (24 M)
Runde 14:
Jede 3. M zus abn. (18 M)
Runde 15:
Jede 2. M zus abn. (12 M)

AUGEN (2 STÜCK):
TEIL 1:
In hellblau 6 Lm anschlagen und mit 1 Km zum Ring schließen.
In fM weiterhäkeln.
Runde 1:
Jede M verdoppeln. (12 M)
TEIL 2:
In schwarz 2 Lm anschlagen.
Runde 1:
In die 1. Lm 4 fM häkeln und mit 1 Km den Ring schließen. (4 M)

HAARE (2 STÜCK):
In lila 20 Lm anschlagen.
Reihe 1:
Die 1. M überspringen, 1 fM in jede M. (19 M)

BLUME:
In gelb 7 LM anschlagen und mit 1 Km zum Ring schließen.
Runde 1:
1 fM in den Ring häkeln, 4 Lm, von * bis * 4-Mal wiederholen.
Runde 2:
In jeden Bogen 1 fM, 1 hStb, 1 Stb, 1 hStb, 1 fM
Mit 1 Km den letzten Bogen mit dem 1. Bogen am Ende verbinden.

ARME (2 STÜCK IN ROSA), BEINE (2 STÜCK IN LILA):
In rosa/ lila 6 Lm anschlagen und mit 1 Km zum Ring schließen.
In fM häkeln.
Runde 1:
Jede M verdoppeln. (12 M)
Runde 2-4:
1 fM in jede M. (12 M)

Fertigstellung:
1.) Die Augen fertigstellen (schwarz auf hellblau nähen) und sie etwas oberhalb vom Mund an der Grundform anbringen.
2.) Die Grundform am Kopf oben schließen. Dabei die beiden Haare an den Seiten mit einbauen.
3.) Die Arme an den Seiten anbringen.
4.) Die Blume in der letzten rosa Reihe annähen. Den Knopf darauf in der Mitte befestigen. Darüber zum Mund einen Faden einhäkeln und ca. 15 Lm häkeln, mit 1 Km in 1. Lm enden. Die Kette kann über die Blume gelegt werden und schließt den Mund somit.
5.) Die Beine in die untere Öffnung legen und diese schließen.

Sorgenmampfer-Kissen

MATERIAL:
ca. 200 g dunkelblau bestehend aus:
100 % Polyacryl
100 g = 60 m Lauflänge

ca. 100 g rot bestehend aus:
100 % Polyacryl
100 g = 60 m Lauflänge

Reste in schwarz, weiß

GRUNDMUSTER:
Luftmaschen
Kettmaschen
Feste Maschen
Halbe Stäbchen

Füllmaterial ca. 4 Handvoll
Reißverschluß 10 cm lang

HÄKELNADEL:
5,0 mm

MASCHENPROBE:
8 M, 12 R = 10,0 x 10,0 cm

GRUNDFORM:
In dunkelblau 6 Lm anschlagen und mit 1 Km zum Ring schließen.
In hStb häkeln.
Runde 1:
Jede M verdoppeln. (12 M)
Runde 2:
Jede 2. M verdoppeln. (18 M)
Runde 3:
Jede 3. M verdoppeln. (24 M)
Runde 4:
10 Lm, 6 M überspringen (Mund), in nächste M 2 hStb,
wie gewohnt weiter jede 4. M verdoppeln. (30 M)
Runde 5:
Jede 5. M verdoppeln. (36 M)
Runde 6:
Jede 6. M verdoppeln. (42 M)
Runde 7:
1 hStb in jede M. (42 M)
Reißverschluss und passende Tasche (siehe Tasche) an der Öffnung von Runde 4 annähen.
Runde 8:
Jede 6. M zus abn. (36 M)
Runde 9:
Jede 5. M zus abn. (30 M)
Runde 10:
Jede 4. M zus abn. (24 M)
Mit Füllwatte ausstopfen.
Runde 11:
Jede 3. M zus abn. (18 M)
Runde 12:
Jede 2. M zus abn. (12 M)
Runde 13:
Jede M zu abn. (6 M)

TASCHE:
In dunkelblau 6 Lm anschlagen und mit 1 Km zum Ring schließen.
In hStb weiterhäkeln.
Runde 1:
Jede M verdoppeln. (12 M)
Runde 2:
Jede 2. M verdoppeln. (18 M)
Runde 3-4:
1 hStb in jede M. (18 M)

HAARE:
In rot 12 Lm anschlagen.
Reihe 1-2:
1 WLm, 1 hStb in jede M. (12 M)

AUGEN (2 STÜCK):
TEIL 1:
In weiß 6 Lm anschlagen und mit 1 Km zum Ring schließen.
In fM häkeln.
Runde 1:
Jede M verdoppeln. (12 M)
Runde 2:
Jede 2. M verdoppeln. (18 M)
Runde 3:
Jede 3. M verdoppeln. (24 M)
TEIL 2:
In schwarz 6 Lm anschlagen.
Runde 1:
Jede 2. M verdoppeln. (9 M)

Fertigstellung:
1.) Augen fertigstellen und über dem Mund befestigen.
2.) Haare an der Längsseite zusammennähen und am Kopf anbringen.

Sorgenmampfer-Kistchen

MATERIAL:
ca. 75 g petrol bestehend aus:
100 % Polyacryl
100 g = 60 m Lauflänge

Reste in schwarz, weiß, rot

GRUNDMUSTER:
Luftmaschen
Kettmaschen
Feste Maschen

HÄKELNADEL:
10,0 mm

MASCHENPROBE:
8 M, 12 R = 10,0 x 10,0 cm

GRUNDFORM:
In petrol 8 Lm anschlagen.
Reihe 1-10:
1 WLm, 1 fM in jede M. (8 M)
In Runden weiterhäkeln.
Runde 1-3:
1 fM in jede M, je 10 fM an den Seiten, je 8 fM an den Breiten. (36 M)
Runde 4:
Jede 5. M abnehmen. (30 M)

DREIECK:
In petrol 12 Lm anschlagen.
Reihe 1:
1 M überspringen, 10 fM, letzte M nicht häkeln. (10 M)
Reihe 2:
1 M überspringen, 8 fM, letzte M nicht häkeln. (8 M)
Reihe 3:
1 M überspringen, 6 fM, letzte M nicht häkeln. (6 M)
Reihe 4:
1 M überspringen, 4 fM, letzte M nicht häkeln. (4 M)
Reihe 5:
1 M überspringen, 2 fM, letzte M nicht häkeln. (2 M)
Reihe 6:
1 M überspringen, 1 fM, letzte M nicht häkeln. (1 M)

AUGEN (2 STÜCK):
TEIL 1:
In weiß 6 Lm anschlagen und mit 1 Km zum Ring schließen.
In fM häkeln.
Runde 1:
Jede M verdoppeln. (12 M)
Runde 2:
Jede 2. M verdoppeln. (18 M)
Runde 3:
Jede 3. M verdoppeln. (24 M)
TEIL 2:
In schwarz 2 Lm anschlagen.
Runde 1:
In die 1. Lm 6 fM häkeln und mit 1 Km den Ring schließen. (6 M)

Fertigstellung:
1.) Die Augen zusammenfügen und auf das Dreieck anbringen.
2.) Das Dreieck an zwei Seiten befestigen.
3.) Die offenen Seiten rot in fM umhäkeln.

Sorgenmampfermütze für Mädchen

MATERIAL:
ca. 70 g lila bestehend aus:
45 % Baumwolle
55 % Polyacryl
75 g = 117 m Lauflänge
ca. 40 g rosa bestehend aus:
45 % Baumwolle
55 % Polyacryl
75 g = 117 m Lauflänge

Reste in schwarz, weiß

GRUNDMUSTER:
Luftmaschen
Kettmaschen
Feste Maschen
Halbe Stäbchen

1 Stk. Klettband

HÄKELNADEL:
5,0 mm (rot)

MASCHENPROBE:
14 M, 20 R = 10,0 x 10,0 cm

GRUNDFORM:
In lila 54 Lm anschlagen und mit 1 Km zum Ring schließen.
Runde 1-11:
1 hStb in jede M. (54 M)
Runde 12-3:
In weiß 1 hStb in jede M. (54 M)
Runde 14-20:
In rosa 1 hStb in jede M. (54 M)

AUGEN (2 STÜCK):
In schwarz 2 Lm anschlagen.
Runde 1:
In die 1. Lm 6 fM häkeln und mit 1 Km den Ring schließen. (6 M)

GROSSE AUGE (2 STÜCK):
In weiß 6 Lm anschlagen und mit 1 Km zum Ring schließen.
Runde 1:
Jede M verdoppeln. (12 M)
Runde 2:
Jede 2. M verdoppeln. (18 M)
Runde 3:
Jede 3. M verdoppeln. (24 M)
Runde 4:
Jede 4. M verdoppeln. (30 M)

KLEINE AUGE (1 STÜCK):
In weiß 6 Lm anschlagen und mit 1 Km zum Ring schließen.
Runde 1:
Jede M verdoppeln. (12 M)
Runde 2:
Jede 2. M verdoppeln. (18 M)

MUND:
In schwarz 15 Lm anschlagen.

ZAHN:
In weiß 3 Lm anschlagen.
Reihe 1:
1 WLm, 1 fM in jede M. (3 M)
Reihe 2:
1 WLm, 1 fM in jede M. (3 M)
Reihe 3:
2. und 3. M zus abn. (1 M)

Fertigstellung:
1.) Die Mütze am oberen Rand (lila) zusammennähen.
2.) An den beiden Ecken jeweils 5 Fäden je 20cm durch 1 M ziehen und einen großen Knoten mit allen Fäden machen.
3.) Die beiden Teile der großen Augen zu 3/4 zusammennähen. An der Öffnung innen das Klettband befestigen. Beide Augen auf der Mütze verdreht annähen.
4.) Den Mund annähen und den Zahn daran anbringen.

Tipp:
Bei den großen Augen in das hintere Maschenglied häkeln.

Sorgenmampfer-Stifttasche

MATERIAL:
ca. 150 g petrol bestehend aus:
100 % Polyacryl
100 g = 60 m Lauflänge

Reste in schwarz, weiß

GRUNDMUSTER:
Luftmaschen
Kettmaschen
Feste Maschen
Ganze Stäbchen

Reißverschluß 10 cm lang

HÄKELNADEL:
5,0 mm

MASCHENPROBE:
8 M, 12 R = 10,0 x 10,0 cm

GRUNDFORM LÄNGS:
In petrol 20 Lm anschlagen.
Reihe 1-23:
1 WLm, 1 fM in jede M. (20 M)

SEITENWÄNDE (2 STÜCK):
In petrol 6 Lm anschlagen und mit 1 Km zum Ring schließen.
In fM häkeln.
Runde 1:
Jede M verdoppeln. (12 M)
Runde 2:
Jede 2. M verdoppeln. (18 M)
Runde 3:
Jede 3. M verdoppeln. (24 M)

AUGEN (2 STÜCK):
TEIL 1:
In weiß 6 Lm anschlagen und mit 1 Km zum Ring schließen.
In fM weiterhäkeln.
Runde 1:
Jede M verdoppeln. (12 M)
Runde 2:
Jede 2. M verdoppeln. (18 M)
TEIL 2:
In schwarz 2 Lm anschlagen.
Runde 1:
In die 1. Lm 6 fM häkeln und mit 1 Km den Ring schließen. (6 M)

Fertigstellung:
1.) Die Seitenwände an die Grundform nähen. Bitte so, dass die Grundform am Ende oben zusammenliegt.
2.) Den Reißverschluss einnähen.
3.) Die Augen fertigstellen (schwarz auf weiß befestigen) und über dem Reißverschluss anbringen.

Sorgenmampfer-Tomatenfrankenstein

MATERIAL:
ca. 40 g rot bestehend aus:
100 % Baumwolle
50 g = 115 m Lauflänge

ca. 30 g gelb bestehend aus:
100 % Baumwolle
50 g = 115 m Lauflänge

Reste in schwarz, weiß, grün

GRUNDMUSTER:
Luftmaschen
Kettmaschen
Feste Maschen

Füllmaterial ca. 2 Handvoll
Reißverschluß 10 cm lang

HÄKELNADEL:
4,0 mm

MASCHENPROBE:
22 M, 29 R = 10,0 x 10,0 cm

GRUNDFORM:
In rot 6 Lm anschlagen und mit 1 Km zum Ring schließen.
In fM häkeln.
Runde 1:
Jede M verdoppeln. (12 M)
Runde 2:
Jede 2. M verdoppeln. (18 M)
Runde 3:
Jede 3. M verdoppeln. (24 M)
Runde 4:
Jede 4. M verdoppeln. (30 M)
Runde 5:
Jede 5. M verdoppeln. (36 M)
Runde 6:
Jede 6. M verdoppeln. (42 M)
Tasche und Reißverschluss einnähen (siehe Tasche)
Mit Füllwatte ausstopfen.
Runde 7-13:
1 fM in jede M. (42 M)
Runde 14:
Jede 6. M zus abn. (36 M)
Runde 15:
Jede 5. M zus abn. (30 M)
Runde 16:
5 fM, 20 Lm, 20 M überspringen (Mund), 5 fM. (30 M)
Runde 17-4:
1 fM in jede M. (30 M)
Runde 25:
Jede 4. M zus abn. (24 M)
Runde 26:
Jede 3. M zus abn. (18 M)
Runde 27:
Jede 2. M zus abn. (12 M)
Runde 28:
Jede M zus abn. (6 M)

TASCHE:
In rot 43 Lm anschlagen und mit 1 Km zum Ring schließen.
Reihe 1-6:
1 fM in jede M. (43 M)

Tipp:
Bei der Grundform in das hintere Maschenglied häkeln.

AUGEN (2 STÜCK):
TEIL 1:
In weiß 6 Lm anschlagen und mit 1 Km zum Ring schließen.
In fM häkeln.
Runde 1:
Jede M verdoppeln. (12 M)
TEIL 2:
In schwarz 3 Lm anschlagen und mit 1 Km den Ring schließen.

NASE:
In schwarz 6 Lm anschlagen und mit 1 Km zum Ring schließen.
Runde 1:
1 fM in jede M. (6 M)

MUND:
In schwarz 5 Lm anschlagen.

ZAHN:
In weiß 3 Lm anschlagen.
Reihe 1:
1 M überspringen, 1 fM in jede M. (2 M)

BLÄTTER:
In grün 5 Lm anschlagen.
Reihe 1:
1 M überspringen, 1 fM in jede M. (4 M)
Reihe 2:
5 Lm häkeln.
Reihe 1-2 4-Mal wiederholen bis 5 aneinanderhängende Blätter entstanden sind.

Fertigstellung:
1.) Den Blätterkreis auf die Spitze des Kopfes festmachen.
2.) Die Augen fertigstellen und unterhalb des Reißverschlusses anbringen.
3.) Die Nase dazwischen annähen. Genauso wie Mund und Zahn.

Trinkflasche mit Sorgenmampfer

MATERIAL:
ca. 60 g hellgrün bestehend aus:
100 % Baumwolle
50 g = 115 m Lauflänge

ca. 30 g gelb bestehend aus:
100 % Baumwolle
50 g = 115 m Lauflänge

Reste in schwarz, weiß, blau

GRUNDMUSTER:
Luftmaschen
Kettmaschen
Feste Maschen
Halbe Stäbchen

Reißverschluss 9 cm lang

HÄKELNADEL:
4,0 mm

MASCHENPROBE:
22 M, 29 R = 10,0 x 10,0 cm

GRUNDFORM:
Im hellgrün 6 Lm anschlagen und mit 1 Km zum Ring schließen.
In hStb häkeln.
Runde 1:
Jede M verdoppeln. (12 M)
Runde 2:
Jede 2. M verdoppeln. (18 M)
Runde 3:
Jede 3. M verdoppeln. (24 M)
Runde 4:
Jede 4. M verdoppeln. (30 M)
Runde 5:
Jede 5. M verdoppeln. (36 M)
Runde 6:
Jede 6. M verdoppeln. (42 M)
Runde 7-18:
1 hStb in jede M. (42 M)
Runde 19-20:
In gelb 1 hStb in jede M. (42 M)
Runde 21-23:
In hellgrün 1 hStb in jede M. (42 M)
Runde 24:
13 hStb, 15 Lm, 15 M überspringen (Mund), 14 hStb. (42 M)
Runde 25-31:
1 hStb in jede M. (42 M)
Runde 32-37:
In gelb 1 hStb in jede M. (42 M)

TASCHE:
In hellgrün 40 Lm anschlagen und mit 1 Km zum Ring schließen.
In hStb häkeln.
Runde 1-6:
1 hStb in jede M. (40 M)

AUGEN (2 STÜCK):
TEIL 1:
In weiß 6 Lm anschlagen und mit 1 Km zum Ring schließen.
Runde 1:
Jede M verdoppeln. (12 M)
Runde 2:
Jede 2. M verdoppeln. (18 M)
TEIL 2:
In schwarz 2 Lm anschlagen.
Runde 1:
In die 1. Lm 6 fM häkeln und mit 1 Km den Ring schließen. (6 M)
Runde 2:
Jede M verdoppeln. (12 M)

FLICKEN:
In blau 6 Lm anschlagen.
Reihe 1-8:
1 WLm, 1 fM in jede M. (6 M)

HENKEL:
In gelb 150 Lm anschlagen.

Fertigstellung:
1.) Den Reißverschluss in die 24. Runde in vorgesehene Öffnung einnähen.
2.) Die untere Seite der Tasche mit einer Naht schließen und die offene Seite als Öffnung für Reißverschluss annähen.
3.) Den schwarzen und weißen Teile zu einem fertigen Auge zusammennähen und etwas oberhalb vom Reißverschluss festmachen.
4.) Den blauen Flicken mit schwarzem Garn grob annähen.
5.) Zum Schluss den Henkel durch die 33. Runde der Grundform fädeln und die beiden Enden gut verknoten.

Verrückter Sorgenmampfer in rot

MATERIAL:
ca. 80 g rot schimmernd bestehend aus:
20 % Wolle
80 % Polyacryl
100 g = 75 m Lauflänge

ca. 30 g hellbraun bestehend aus:
20 % Wolle
80 % Polyacryl
100 g = 75 m Lauflänge
Reste in schwarz, weiß, rot

GRUNDMUSTER:
Luftmaschen
Kettmaschen
Feste Maschen
Halbe Stäbchen

2 Knöpfe

HÄKELNADEL:
5,0 mm

MASCHENPROBE:
8 M, 12 R = 10,0 x 10,0 cm

GRUNDFORM:
In rot schimmernd 20 Lm anschlagen und mit 1 Km zum Ring schließen.
Runde 1-18:
2 Lm, 1 hStb in jede M, enden mit 1 Km in 2. Lm. (20 M)
Runde 19:
In weiß 2 Lm, 1 hStb in jede M, enden mit 1 Km in 2. Lm. (20 M)
Runde 20:
2 Lm, In die ersten 4 hStb, 12 Lm, 12 M überspringen (Mund), 4 Stb, enden mit 1 Km in 2. Lm. (20 M)
Runde 21:
2 Lm, 1 hStb in jede M, enden mit 1 Km in 2. Lm. (20 M)
Runde 22-26:
In hellbraun 2 Lm, 1 hStb in jede M, enden mit 1 Km in 2. Lm. (20 M)
Runde 27:
Jede 2. M zus abn. (13 M)
Runde 28:
Jede M zus abn. (7 M)

UNTERE RAND:
In rot an Runde 1 in jede M 1 fM anhäkeln. (20 M)
Runde 1:
Jede M verdoppeln. (40 M)

UNTERTEIL ZUM SCHLIESSEN DES SORGENMAMPFERS:
In rot schimmernd 5 Lm anschlagen und mit 1 Km zum Ring schließen. In hStb häkeln.
Runde 1:
Jede M verdoppeln. (10 M)
Runde 2:
Jede 2. M verdoppeln. (15 M)
Runde 3:
Jede 3. M verdoppeln. (20 M)

HAARE:
In rot schimmernd 9 Lm anschlagen.
Reihe 1:
1 M überspringen, in jede M 1 fM. (8 M)
Reihe 2:
9 Lm häkeln. (9 M)
Reihe 3-12:
Reihe 1-2 5-Mal wiederholen.

AUGEN (2 STÜCK):
TEIL 1:
In weiß 6 Lm anschlagen und mit 1Km zum Ring schließen.
In fM häkeln.
Runde 1:
Jede M verdoppeln. (12 M)
TEIL 2:
In schwarz 2 Lm anschlagen.
Runde 1:
In die 1. Lm 6 fM häkeln und mit 1 Km den Ring schließen. (6 M)

ARME:
In rot 6 Lm anschlagen und mit 1 Km zum Ring schließen.
Runde 1:
1 hStb in jede M. (6 M)
Runde 2 - 3:
In rot schimmernd 1 hStb in jede M. (6 M)

PUNKT 1:
In rot 6 Lm anschlagen und mit 1 Km zum Ring schließen.
In fM häkeln.
Runde 1:
Jede M verdoppeln. (12 M)

PUNKT 2:
In weiß 6 Lm anschlagen und mit 1 Km zum Ring schließen.
In fM häkeln.
Runde 1:
Jede M verdoppeln. (12 M)
Runde 2:
Jede 2. M verdoppeln. (18 M)

Fertigstellung:
1.) Augen fertigstellen und oberhalb des Mundes befestigen.
2.) Den Haarkreis auf der Spitze des Kopfes annähen.
Die freien Stellen mit dem rot schimmernden Faden schließen.
3.) Die Knöpfe am oberen Mundrand befestigen.
4.) Die Arme an beiden Seiten anbringen.
5.) Die Punkte annähen.
6.) Den Sorgenmampfer mit Unterteil an Runde 1 der Grundform schließen.

Wikinger-Sorgenmampfer

MATERIAL:
ca. 50 g blau bestehend aus:
45 % Baumwolle
55 % Polyacryl
50 g = 78 m Lauflänge

ca. 40 g beige bestehend aus:
45 % Baumwolle
55 % Polyacryl
50 g = 78 m Lauflänge

ca. 30 g grau bestehend aus:
45 % Baumwolle
55 % Polyacryl
50 g = 78 m Lauflänge

Reste in schwarz, weiß

Füllmaterial ca. 5 Handvoll

HÄKELNADEL:
3,0 mm

GRUNDMUSTER:
Luftmaschen
Kettmaschen
Feste Maschen
Halbe Stäbchen
Ganze Stäbchen

MASCHENPROBE:
14 M, 20 R = 10,0 x 10,0 cm

GRUNDFORM:
Im blau 40 Lm anschlagen und mit 1 Km zum Ring schließen. Es wird in Runden gehäkelt, dabei jede Runde mit 1 Lm beginnen und mit 1 Km in der Lm enden.
Runde 1-3:
1 hStb in jede M. (40 M)
Runde 4:
In grau 1 hStb in jede M. (40 M)
Runde 5-7:
In blau 1 hStb in jede M. (40 M)
Runde 8:
In grau 1 hStb in jede M. (40 M)
Runde 9-11:
In blau 1 hStb in jede M. (40 M)
Runde 12-13:
In beige 1 hStb in jede M. (40 M)
Runde 14:
15 hStb, 10 Lm, 10 M überspringen (Mund), 15 hStb. (40 M)
Runde 15-6:
In beige 1 hStb in jede M. (40 M)
Runde 17:
Jede 7. M zus abn. (35 M)
Runde 18:
Jede 6. M zus abn. (30 M)
Runde 19-20:
In grau 1 Stb in jede M. (30 M)
Runde 21:
Jede 5. M zus abn. (25 M)
Runde 22:
Jede 4. M zus abn. (20 M)
Runde 23:
Jede 3. M zus abn. (15 M)
Runde 24:
Jede 2. M zus abn. (10 M)
Runde 25:
Jede M als fM zus abn. (5 M)

ARME (2 STÜCK):
In blau 6 Lm anschlagen und mit 1 Km zum Ring schließen. In fM häkeln.
Runde 1:
Jede M verdoppeln. (12 M)
Runde 2 - 3:
1 hStb in jede M. (12 M)

BEIN 1:
In blau 6 Lm anschlagen und mit 1 Km zum Ring schließen. In fM häkeln.
Runde 1:
Jede M verdoppeln. (12 M)
Runde 2:
Jede 2. M verdoppeln. (18 M)
Runde 3-6:
1 hSt in jede M. (18 M)

BEIN 2:
In beige 4 Lm anschlagen und mit 1 Km zum Ring schließen. In fM häkeln.
Runde 1:
1 fM in jede M. (4 M)
Runde 2:
Jede M verdoppeln. (8 M)
Runde 3-4:
1 hStb in jede M. (8 M)
Runde 5:
Jede 2. M verdoppeln. (12 M)

TASCHE:
Sie wird direkt an den Mund gehäkelt.
Runde 1-5:
1 hStb in jede M. (24 M)
Runde 6:
Jede 3. M zus abn. (18 M)
Runde 7:
Jede 2. M zus abn. (12 M)
Runde 8:
Jede M zus abn. (6 M)

HÖRNER (2 STÜCK):
In weiß 2 Lm anschlagen.
Runde 1:
6 fM in die 1.M. (6 M)
Runde 2-3:
1 fM in jede M (6 M)
Runde 4:
Jede M verdoppeln. (12 M)
Runde 5:
1 fM in jede M. (12 M)

AUGEN (2 STÜCK):
TEIL 1:
In weiß 5 Lm anschlagen.
In fM weiterhäkeln.
Reihe 1:
1 M überspringen, 1 fM in jede M. (4 M)
Reihe 2:
1 M überspringen, 1 fM in jede M. (3 M)
Reihe 3:
1 M überspringen, 1 fM in jede M. (2 M)
TEIL 2:
In schwarz 2 Lm anschlagen.
Runde 1:
In die 1. Lm 2 fM häkeln und mit 1 Km den Ring schließen. (2 M)

AUGENKLAPPE:
In schwarz 6 Lm anschlagen und mit 1 Km zum Ring schließen. In fM häkeln.
Runde 1:
Jede M verdoppeln. (12 M)
Runde 2:
Jede 2. M verdoppeln. (18 M)
Runde 3:
Jede 3. M verdoppeln. (24 M)

BAND FÜR AUGENKLAPPE:
In schwarz 30 Lm anschlagen.

Fertigstellung:
1.) Das Auge fertigstellen und an der oberen Kante des Mampfers befestigen.
2.) Daneben die Augenklappe annähen und das Band so legen und festmachen, dass es an beiden Seiten die Klappe berührt.
3.) Die Tasche nach innen stecken.
4.) Die Hörner rechts und links an den Helm nähen.
5.) Beide Arme am Körper befestigen.
6.) Den Körper mit Füllwatte ausstopfen.
7.) Die Beine anordnen und den Körper schließen.

Impressum

www.garant-verlag.de

Produktmanagement: Simone Halfar
Ideen und Herstellung: Doreen Dittrich
Fotos: Simone Halfar
Gestaltung und Satz: Simone Halfar

ISBN: 978-3-7359-0161-3

Erfahren Sie mehr!